W0379227

Das Buch der Sächsischen Hausküche

Das Buch der sächsischen Hausküche

Herausgegeben von
Ulla Heise und Kathrin Frančík
Mit Farbfotos von Ansgar Pudenz

BuchVerlag Für die Frau · Leipzig

Wir bedanken uns bei der Staatlichen Porzellanmanufaktur Meißen GmbH
und beim Spezialgeschäft für Meißen- und Antikporzellane John Montag,
Hamburg, für die freundliche Unterstützung.

© BuchVerlag für die Frau GmbH, Leipzig 1996
Typografie und Satz: Martina Gobrecht, Dersden
Einbandgestaltung: Hunger & Hunger, Leipzig
Fotos: Ansgar Pudenz, Hamburg
Foodstyling: Alexandra Böhme, Hamburg
(S. 14/15, 34/35, 90/91, 112/113, 156/157)
Christoph Hoefs, Hamburg
(Titel, S. 48/49, 82/83, 120/121, 134/135)
Frauke Koops, Hamburg
(S. 60/61, 68/69, 74/75, 102/103)
Fotografiert mit Leica R7 und R8 Kameras
sowie den Leica Makro-Objektiven
Elmarit 2,8/60 mm und 2,8/100 mm
Lektorat: Christa Winkelmann
Reproduktion: Satz Repro Grafik GmbH, Leipzig
Gesamtherstellung: rgg Druck- und Verlagshaus
Printed in Germany

INHALT

Seite

Sachsens traditionelle Küche

Trotz aller „sächsischen Kochbücher" – eine einheitliche sächsische Küche gibt es nicht; wohl aber die schmackhaftesten „echt sächsischen" Suppen, Fleisch- oder Wildgerichte, von Süßspeisen oder Kuchen ganz zu schweigen.

Der Freistaat Sachsen, ein durchaus „altes" Bundesland, besteht aus mehreren, zum Teil deutlich voneinander zu unterscheidenden uralten Kulturlandschaften, die gleichzeitig traditionelle „Nahrungslandschaften" sind: Erzgebirge, Vogtland, Leipzig und Leipziger Land, Dresden, Elbtal, Oberlausitz, Zittauer Gebirge.

Mehrere einzelne Städte und Dörfer, vor allem aber die Regionen haben aufgrund ihrer jahrhundertelangen staatlichen Zugehörigkeit zu Kursachsen ihren eigenen, unverwechselbaren Anteil an dem, was insgesamt die sächsische Küche ausmacht und mit „Vielfalt in der Einheit" wohl am treffendsten bezeichnet werden kann.

Einheitlich war in Sachsen über Jahrhunderte nur eins: Der „vorsorgliche Hausvater " und die „vorsorgliche Hausmutter" hatten immer alle Hände voll zu tun und hausökonomische Strategien zu entwickeln (u.a. Kleinviehhaltung, Kartoffel- und Gemüseanbau im Nutzgarten, Konservierungs- und Einlagertechniken, Heizenergiesparen, Speise- und Resteverwertung), um das Existenzminimum und die Gesunderhaltung ihrer Familien zu sichern.

Unter der Bezeichnung Hausmannskost und Hausküche – in gewisser Weise wird darunter heute, nicht selten unzutreffenderweise, das Gegenteil von feiner Küche verstanden – sind diese gebündelten Erfahrungen auf uns gekommen. Da es sich bei traditioneller Hausmannkost nicht immer nur um kräftige und einfach zubereitete Gerichte handelt, sondern daß der durchweg von einem Nützlichkeitsweltbild geprägte sächsische Speisealltag dennoch wohlproportionierte Geschmacksnuancen (z.B. beim Küchenkräutereinsatz) bereithält und berücksichtigt, daß auch „das Auge mitißt", wird aus den traditionellen Rezeptüberlieferungen deutlich.

Schmalhans – ein Küchenmeister aus Sachsen?

„Mit dem Essen und Trinken sieht es hier nicht so gut aus als in Süddeutschland. In diesem Punkt ist der Kontrast zwischen den Sachsen und den übrigen Deutschen, die ich bisher gesehn, so groß, daß man zu den Antipoden der letztern gekommen zu sein glaubt. Die Brühen sind hier so dünne, man hat oft kalte und immer so schmale Küche, daß ich glaube, ein Wiener könne es hier in einem mittelmäßigen Haus nicht vier Wochen aushalten. Ich hatte schon mehr als eine Gelegenheit zu bemerken, daß auch in den vornehmsten Häusern eine Kärglichkeit in Rücksicht auf Küche und Keller herrscht, die man in Österreich und Bayern für eine Entbehrung halten würde ...", beschrieb der viel herumgekommene und mehrfach bei

Adel und Bürgertum eingeladene Journalist Johann Kaspar Riesbeck die in Sachsen vorgefundene Küche um 1800.

Daß im Erzgebirge – im 18./19. Jahrhundert als das „Armenhaus" Sachsens bezeichnet – äußerst karge Kost das täglich' Brot ausmachte, ist aufgrund der bedrückenden wirtschaftlichen Situation nicht verwunderlich. Daß aber auch im städtischen Bürgertum und sogar beim sächsischen Adel – von Ausnahmen abgesehen – traditionell bescheiden gegessen, wenn nicht sogar Schmalhans' ganzjährig Küchenmeister gewesen sein soll, ist auf den ersten Blick doch etwas erstaunlich. Wieso das?

Überall gab es Wälder, Seen und Flüsse mit reichem Wild- und Fischbestand. Land-, Fisch- und Weidewirtschaft betrieben die Bauern seit dem Mittelalter auf ebenso hohem Niveau wie Obstbaumzucht, Bienenwirtschaft und Weinanbau. Der nationale und internationale Fernhandel brachte per Schiff (Elbe, Oder) oder Frachtfuhrwerk alle erdenklich nichteinheimischen „exotischen" Produkte über Jahrhunderte regelmäßig nach Sachsen (von grünen oder gesalzenen Heringen von der Nordsee über Kaviar aus Astrachan bis zu den Gewürzen aus Übersee).

Warum also die relativ bescheidene, nur den Jahreszeiten folgende Küche? Ein kurzer Blick in ein sächsisches Geschichtsbuch belehrt hinreichend über einen wichtigen Grund: Es vergeht in Kursachsen kein Menschenalter ohne Kriegs-, Nachkriegs- oder Zwischenkriegszeit.

Vom Dreißigjährigen Krieg (1614 - 1648) über die drei

Schlesischen Kriege (1740 - 1756), die Völkerschlachten (1812/13) und den Ersten und Zweiten Weltkrieg lernt nahezu jede Generation aufs Neue die entsprechenden Folgen von Nahrungsmittelmangel, Teuerung oder Zwangsbewirtschaftung (Lebensmittelkarten) kennen.
Ein weiterer wichtiger Grund für die solide Einfachheit der „echt sächsischen" Küche – Not- und Kriegszeiten herrschten andernorts auch – ist darüberhinaus mit hoher Wahrscheinlichkeit auch im tief verwurzelten protestantischen Selbstverständnis der Sachsen begründet, die Solidität und Sparsamkeit, auch in der Küche, als eine Tugend betrachteten. Nur als Beispiel: Selbst für Adelsfamilien – und einige hätten es finanziell ohne weiteres gekonnt – verbot es sich bis 1918, einfach einmal „außer Haus", d.h. in ein vornehmes Restaurant, essen zu gehen. Dies galt als Verschwendung und widersprach den althergebrachten Traditionen sächsischer von-Familien, die sich in den meisten Fällen, wie ihre letzten Könige auch, ebenso spartanisch wie ihre Untertanen ernährten.
„Not (und bewußte Hausökonomie) macht erfinderisch" – hat die sächsische Küche über Jahrhunderte für den Durchschnitt der Bevölkerung geprägt. Hauptsache, die Familie wurde satt, wobei die Speisen trotz aller beschränkten oder gar gänzlich fehlenden Mittel (z.B. Fett) auch noch schmecken sollten. Es ist deshalb nicht verwunderlich – auch dies ist ein Merkmal aller sächsischen Küchen –, daß aus kostenlosen Sammelfrüchten wie Him-, Brom- und Heidelbeeren oder Waldpilzen, selbst-

erzeugtem Obst und Gemüse, aus Kleinviehhaltung (Karnickel und Hühner) oder preiswerten Grundnahrungsmitteln wie Kartoffeln, Mehl, Milch, Brot, Leinöl variantenreiche Zubereitungen erwuchsen, die die tägliche Kost trotzdem abwechslungsreich gestalteten.
Nur beim Honig- und Zuckereinsatz und beim Kuchenbacken wurde in ganz Sachsen seit dem 18. Jahrhundert ausgeufert. „Süße" mußte nicht nur der Kaffee sein.
Es mag am intensiven Obst- und Beerenanbau gelegen haben, daß kein Sonn- oder Festtag verging, ohne daß mit Strömen von Kaffee (Malzkaffee stand von früh bis abends auf dem Herd) bergeweise Obst- und andere Kuchen vertilgt wurden.

Ein sächsischer Küchenzettel – über 450 Jahre alt

Am 6. November 1524 fand in Dresden die Hochzeit der Prinzessin Magdalena (Tochter Herzog Georgs von Sachsen) mit Kurfürst Joachim von Brandenburg statt.
Ein Küchenzettel (Arbeitsanweisung) gibt uns noch heute Auskunft, was die Dresdner Hofküche mittags und abends für welche Tische zubereitete bzw. als „Schauessen" zur Dekoration bereitstellte.
Obwohl dieser Zettel nur der „Fahrplan" des Küchenmeisters war und nicht mit der tatsächlichen Speiseabfolge

Am Vorabend der Vermählung, 5. November 1524

Fürstentisch

Erster Gang
Hasen-Wildpret
Gebratenes
Äpfel in Butter
Ein Schau-Gericht

Zweiter Gang
Schmerlen treug (= trocken) heiß
Gebratenes
Torten von Quitten und Birnen
Pasteten von Hasen
(übergoldet) als Schau-Essen

Dritter Gang
Karpfen mit Drapes u. süßem Wein
Geronnene Milch mit Reis
Schau-Essen mit Gebackenem.

Tisch der Grafen, Prälaten und Räthe

Reh-Wildpret
Gebratenes
Schmerlen treug heiß
Gelbe Vögel
Apfelmus (kalt)
Gänse-Gekröse (schwarz)
Hühner (weiß) mit Muscat-Blumen
Gebackenes

Für die Ritterschaft und Frauenzimmer

Hirsch-Wildpret
Gebratenes
Gänse-Gekröse (schwarz)
Apfelmus (kalt)
Hühner (weiß) mit Muscat-Blumen
Gallerte
Gebackenes

Für die Speiseküche

Hasen-Wildpret
Gebratenes
Wurst
Rindfleischsuppe mit Graupen
Rindfleisch treug

übereinstimmte, haben wir doch damit eine der frühesten Quellen aus Sachsen vor uns, die interessante Rückschlüsse auf „echt sächsische Küche" und die „Haus Oeconomie" am sächsischen Hof zuläßt.
Diese vor über 450 Jahren in Dresden aufgeschriebene Küchenanweisung im Detail zu erörtern – es gäbe sehr viel dazu zu sagen – ist hier nicht der Platz.
Nur soviel: Das, was gegessen wurde, scheint bereits so „echt sächsisch", daß einem bis auf wenige Ausnahmen (Gelbe Vögel, Synandt-Fladen) alles bekannt vorkommt. Die für alle sächsischen Küchen typischen Wild-, Fleisch- und Fischsorten sind in ihrer ebenso typischen gekochten oder gebratenen Variante nahezu komplett versammelt. Äpfel, Birnen, Quitten, Stachelbeeren und Pflaumen fehlen in der Verarbeitung (u.a. Apfelmus, Pflaumenkuchen) ebensowenig wie Salate oder Süßspeisen. Und schaut man sich den Küchenzettel genauer an, wird auch deutlich, daß der verantwortliche Koch die „Haus Oeconomie" effektiv beherrschte und zum Beispiel Hasen-Wildpret – die Jagdpächter hatten wohl eine große Anzahl eingeliefert – sowohl den Kurfürsten und Herzögen als auch der Dienerschaft auf den Tisch stellte und die Reste vom Vorabend am nächsten Tag verwendete (siehe Seite 10 bis 13).

Am Hochzeitstag, 6. November 1524 / Mittags

Fürstentafel

Erster Gang
Ein Auerhahn mit einer gehemmerten (= geschlagenen) süßen Soße
Grüne Foren (= Forellen)
Gebratenes
Mandeltorten mit Confect
Ein Schau-Essen

Zweiter Gang
Schweine-Wildpret
Gebratenes von Spanferkeln
Wilde Hühner in gelber Soße
Ein Schau-Essen

Dritter Gang
Grüne Hechte
Heiße Kuchen mit Oblaten
Pasteten
darin eine Rehkeule vergoldet
für ein Schau-Essen

Vierter Gang
Gepreßte Schweinskopfsülze
mit Äpfeln und Weinessig
Birnen in einer süßen Brühe
Gebackenes
Eine hohe Gallerte von Fischen
vergoldet für ein Schau-Essen

Das Gefolge
Für Grafen, Räthe und Prälaten (9 Schüsseln)

Rehrücken mit brauner Soße
Grüne Fohren (= Forellen)
Gebratenes
Wein-Mus
Schweine-Wildpret
Gelbe Vögel
Synandt-Fladen
Fisch-Gallerte
Gebackenes

Für die Ritterschaft und Frauenzimmer (8 Schüsseln)

Schweine-Wildpret
Grüne Fohren (= Forellen)
Gebratenes
Weinmus
Hasen-Wildpret
Synandt-Fladen
Fisch-Gallerte
Gebackenes

Hausmannskost

Verantwortlich für Nahrungsmittelerzeugung und Speisezubereitung waren in längst vergangenen Zeiten getreu der „Lehre vom ganzen Haus" der Hausvater (außerhalb des Hauses) und die Hausmutter (innerhalb des Hauses). Aus dieser Zeit stammt der Begriff Hausmannskost, die nahezu immer von der Hausfrau zubereitet wurde und noch immer wird. Wie abwechslungsreich oder „immer dasselbe", wie gesund, oder weniger gesund und vor allem, wie schmackhaft das Essen ist, liegt wesentlich daran, was die Hausfrau von Kindesbeinen an mitbekommen oder auf einer Kochschule gelernt hat.

Daß bis heute „Kochen" kein Unterrichtsfach an den normalen Schulen ist, kann man immer wieder nur bedauern, denn was wäre normaler, als Grundkenntnisse der täglichen Ernährung von Kindesbeinen an zu erwerben. Mit der Auflösung der Großfamilienverbände ist ein Gutteil traditionellen Wissens der „Lehre vom ganzen Haus" verlorengegangen. Manches davon – zum Beispiel Kräuter- und Heilpflanzenkenntnis oder gesundheitsfördernde Naturkost – muß heute dadurch nahezu neu erlernt werden.

Die politische Wende 1990 bescherte den Sachsen von heute auf morgen erstmals in ihrer Geschichte Überfluß, d.h. die „Segnungen" der modernen Konsumgesellschaft im Angebot einer von den Jahreszeiten unabhängigen Produktpalette von Nahrungs- und Genußmitteln aus aller Welt. Ob deren permanente Verfügbarkeit die traditionellen Werte der sächsischen Hausküche (jahreszeitliche

Für die Speiseküche (6 Essen)

Hasen-Wildpret
Gebratenes
Karpfen (treug)
oder gelbes Fleisch
Gebratenes
Reis mit Milch
Rindfleisch

Am Hochzeitstag, 6. November 1524 / Abends

Fürstentafel

Erster Gang
Salat
Zwei Reisschüsseln
Gebratene Tauben
Gekochte Karpfen
Rindfleisch
Gekochte Aale
Hammelbraten
Gerösteter Kalbskopf
Erbsschocken
Krebse
Hammelfleisch
Leberkuchen
Geschnittener Ochsenkopf

Zweiter Gang
Kalbfleisch
Gekochte junge Hühner
Pastete von Ochsenzungen
Hirschbraten
Gebratene Rehkeule
Lammbraten
Reh-Wildpret
Ochsen-Kaldaunen
Pflaumenkuchen
Stachelbeer-Torte
Hirsch-Wildpret
Ochsenklauen
Gekochte Karauschen

Die Junkertafel

Erster Gang
Salat
Zwei Reisschüsseln
Junge Hühner gekocht
Gekochte Aale
Kalbsbraten
Gebratene Tauben
Schweinebraten
Erbsschocken
Ochsenklauen

Frischküche, sparsamer Umgang mit Heizenergie, „Resteverwertung") grundsätzlich beeinflussen wird, dürfte bezweifelt werden, weil gerade sie es sind, die dem derzeitigen Trend einer modernen und gesundheitsbewußten Küche entsprechen.

Sächsische Hausküche heute

Küchenlust anstelle Küchenlast scheint in der modernen sächsischen Hausküche angesagt zu sein.
Niemand mehr ist heute gezwungen, einzukochen, Hühner zu rupfen oder Karnickel auszunehmen. Nahezu alles ist frisch, konserviert oder tiefgekühlt jederzeit zu kaufen. Selbst der Sonntagsbraten oder die Geburtstagstorte liegen fix und fertig in den Kühltruhen der Kaufhallen. Deutlich ist am Ende unseres Jahrhunderts: Das Fertiggericht hat ebenso Konjunktur wie die Rückkehr junger Familien zur traditionellen Küche, auch wenn sie zeitaufwendiger ist. Vielleicht gerade deshalb. Das eine schließt das andere nicht aus.
Dieses Buch ist eine Sammlung typischer und beliebter und durchaus moderner Rezepte, wie sie traditionell in Sachsen bekannt sind und heute noch gern genutzt werden. Vom Vogtland bis zur Lausitz haben auch Einheimische selbst durch Einsendungen zum Buch für Aktualität und Lebendigkeit der Auswahl gesorgt. – Guten Appetit!

Zweiter Gang
Hirsch-Wildpret
Lammfleisch
Gekochte Karpfen
Lammfleisch-Pasteten
Kalbskopf, geröstet
Gekochte Karauschen
Pflaumen-Kuchen
Krebse

Der dritte Nebentisch

Erster Gang
Reis
Kalbfleisch
Hirschbraten
Ochsen-Kaldaunen

Zweiter Gang
Gekochte Karpfen
Hirsch-Wildpret
Rindfleisch
Reh-Wildpret

Der Offizierstisch

Erster Gang
Zwei Reisschüsseln
Zwei Salate
Rindfleisch
Kalbfleisch
Hirsch-Wildpret

Zweiter Gang
Hammelfleisch
Kalbskopf
Hammelbraten
Ochsenklauen

Die Dienerschaft: Altfrau und Mägde

Salat
Kleine Krebse
Bücklinge
Rindfleisch
Reis
Kalbfleisch

Zwei Tische für fremde Kutscher

Salat
Geröstete Hammelköpfe
Rindfleisch
Kleine Krebse

Sieben Tische für Dienerschaft

Salat
Kleine Krebse
Rindfleisch
Bücklinge

Das „eigene Süppchen“ kocht man in Sachsen mit einheimischen Kräutern und Gewürzpflanzen: Die wichtigsten sind Basilikum, Beifuß, Bohnenkraut (Pfefferkraut), Brennessel (nur frisch), Brunnenkresse (nur frisch), Dill, Estragon, Kerbel, Knoblauch, Kümmel, Lauch (Porree), Liebstöckel, Majoran, Meerrettich, Melisse, Petersilie, Pimpinelle, Portulak, Salbei, Sauerampfer, Schafgarbe (nur frisch), Schnittlauch, Sellerie, Thymian, Tripmadam, Wacholder, Weinraute, Zitronenmelisse und Zwiebel.

KLARE GEMÜSESUPPE

1 Kohlrabi,
1 Porreestange,
3-4 Möhren,
1/2 Sellerie,
40 g Fett,
40 g Mehl,
1 EL Salz,
1 EL gewiegte Petersilie,
1 Prise Pfeffer

Gemüse waschen, putzen und in kleine Stücke schneiden. Das Fett zergehen lassen und das Gemüse etwa 20 Minuten darin dünsten. Mehl dazugeben, gut durchschwitzen lassen und mit 1/4 l kaltem Wasser glattrühren.

Danach 1 1/4 l heißes Wasser (oder Fleischbrühe) unter Rühren dazugießen und 10 Minuten kochen lassen. Die Petersilie in die Suppe geben und einige Minuten ziehen lassen. Mit Salz und Pfeffer abschmecken.

KARTOFFELSUPPE AUS ROHEN KARTOFFELN

500 g rohe Kartoffeln,
1 Wurzelwerk,
1 kleine Zwiebel,
40 g Butter,
20 g Mehl,
1 EL Salz,
1 EL gewiegte Petersilie,
1 Prise Pfeffer

Die Kartoffeln schälen, in kleine Stücke schneiden und in kaltem Wasser erhitzen, bis sich weißer Schaum bildet. Wasser danach abgießen (1 Tasse für Mehlschwitze zurückbehalten). Das Wurzelwerk und die feingeschnittene Zwiebel in Butter 20 Minuten dünsten.

In 1 1/2 l heißem Wasser die Kartoffeln, das Salz und das gedünstete Wurzelwerk etwa 15 bis 20 Minuten garkochen und anschließend durch ein Sieb streichen.

In 1 Tasse erkaltetem Kartoffelwasser das Mehl anrühren und der Suppe zufügen, die nochmals kurz aufkochen muß.

SELLERIESUPPE

Den Sellerie waschen, dünn schälen, raspeln und mit der geriebenen Zwiebel in Butter dünsten. Das Mehl und die Fleischbrühe dazugeben, leicht salzen und pfeffern. Mit Milch auffüllen und gut durchkochen lassen. Mit etwas Muskat abschmecken. Die beiden Eigelb mit Milch verquirlen und die Suppe damit binden. Um die Suppe zu verfeinern, kann man einige Butterflöckchen dazugeben.

1 große Sellerieknolle,
1 Zwiebel,
40 g Butter, 20 g Mehl,
3/4 l Fleischbrühe,
1/2 l Milch,
2 Eigelb,
Salz, Pfeffer, Muskat

KERBELSUPPE

In die leicht gesalzene Fleischbrühe die feingehackten (oder grobgewiegten) frischen Kerbelblätter geben und etwa 10 Minuten ziehen (auf keinen Fall kochen) lassen. Anschließend das Mehl und die Eier gut verquirlen und in die Suppe geben.
Für diese „grüne Suppe" kann anstelle von Kerbel ebenso Petersilie, Borretsch oder Brunnenkresse (mit Spinat vermischen) als Grundlage verwendet werden.

300 g Kerbel,
1 l Rindfleischbrühe,
1/2 TL Salz,
3 Eier,
20 g Mehl

Sprichwörtlich
Selleriekompott
macht die Liebe flott!

Alt-Dresdner Rindfleischtopf

<u>Für die Suppe:</u>
300 g Markknochen vom Rind,
500 g Rinderbrust,
300 g Suppengemüse,
150 bis 200 g Reis,
2 l Salzwasser,
Petersilie
<u>Für die Klößchen:</u>
25g Butter,
1/4 l Milch,
1/2 TL Salz,
125g Mehl,
2 Eier,
Muskatnuß

Die Knochen unter fließendem Wasser sauber abspülen und anschließend in Salzwasser zum Kochen bringen.
Die Rinderbrust dazugeben und auf kleiner Flamme etwa 2 bis 2 1/2 Stunden köcheln lassen. Den Schaum hin und wieder abschöpfen. Etwa 30 Minuten vor Beendigung des Garens die Knochen herausnehmen und das kleingeschnittene Suppengemüse dazugeben. Nach weiteren 15 Minuten kommt der Reis hinzu.
Für die Klößchen Milch, Butter und Salz aufkochen lassen, anschließend das Mehl hinzugeben und bei geringer Hitze solange rühren, bis sich die entstehende Masse vom Topfboden löst. Danach den Topf vom Herd nehmen, ein Ei, frisch geriebene Muskatnuß und etwas später das zweite Ei dazugeben.
Das Fleisch aus der Brühe herausnehmen und warm halten. Mit einem feuchten Teelöffel kleine Klößchen vom Teig abstechen und 10 Minuten vor dem Ende des Garens in die siedende Brühe geben.
Das Fleisch in kleine Stücke schneiden und zusammen mit der Petersilie in die Suppe geben.

TIP

Das Suppengemüse muß mindestens aus Möhren, Kohlrabi und Porree bestehen; Blumenkohlröschen und eventuell etwas Sellerie sind die passende Ergänzung.

PETERSILIENSUPPE

Die Zwiebeln in kleine Würfel schneiden, die Möhren hobeln, die Petersilie fein wiegen, alles mischen, mit Mehl bestäuben und in Butter andünsten. Anschließend die Milch und die Brühe hinzugießen und bei schwacher Hitze 10 Minuten ziehen lassen.
Die Suppe mit Salz, Pfeffer und Muskatnuß (frisch gerieben) abschmecken und zuletzt ein wenig grobgeschnittene Petersilie als Garnierung zugeben.

3-4 Bund Petersilie,
2 Zwiebeln,
2 Möhren,
40 g Mehl,
40 g Butter,
1 l Milch,
1/2 l Fleischbrühe,
Salz, Pfeffer, Muskatnuß

KÜRBISSUPPE

Das Kürbisfleisch in gleichmäßig kleine Stücke schneiden, mit kochendem Wasser ansetzen, weichkochen (etwa 45 Minuten) und durchrühren.
Die kochende Milch zugießen und mit Salz und Pfeffer abschmecken.

500 g Kürbis,
3/4 l Wasser,
3/4 l Milch,
1 TL Salz,
1 Prise Pfeffer

TIP

Was tun, wenn die Suppe versalzen ist?
Rohe Kartoffelstückchen oder getoastetes Weißbrot schaffen Abhilfe.
In die Suppe gelegt, binden sie einen Teil des Salzes.

Gemüsetunke

375 g Gemüse
(je nach Jahreszeit, z.B. Möhren, Sellerie, Zwiebeln, Lauch, Kohlrabi),
20 g Fett,
3/4 l Wasser,
2 große Kartoffeln (roh),
1 TL Salz,
100 g frische Kräuter nach Jahreszeit und Geschmack (Petersilie, Liebstöckel, Majoran o.a.)

Die Gemüse waschen, putzen, kleinschneiden und in dem Fett anrösten. Dann mit heißem Wasser auffüllen, garkochen und durch ein Sieb streichen. In das Durchgestrichene die feingeriebenen Kartoffeln einrühren und zum Andicken nochmals zum Kochen bringen.
Die feingewiegten Kräuter (nach alter Regel mindestens drei, höchstens neun) zum Schluß hinzugeben und noch einige Minuten ziehen (nicht kochen) lassen.
Diese Gemüsetunke wird üblicherweise zu Pellkartoffeln gereicht.

Leipziger Schibbickensuppe

1 kg Holunderbeeren,
150-250 g Zucker,
2 EL Stärkemehl,
2 Eiweiß,
Zwieback (oder Semmeln) je nach Bedarf

Reife Holunderbeeren (im alten Leipzig „Schibbicken" genannt) waschen, von den Dolden abstreifen und in 2 l Wasser kochen. Den Fruchtsaft danach von den zerkochten Früchten trennen, indem alles durch ein engmaschiges Sieb gegeben wird. Zucker und Mehl vermischen, in den Saft einrühren und nochmals aufkochen lassen. Die Suppe in Teller geben und das zu Schnee geschlagene Eiweiß zur Garnierung auf die violette Suppe setzen. Zwieback (oder Semmeln) nach individuellem Geschmack in die Suppe einbrocken oder – in Sachsen sehr beliebt – „eindidschen".

Feine Holundersuppe

Die Dolden (1 Dolde etwa 100 g Beeren) waschen und mit einer Gabel die Beeren abstreifen. In einen Kochtontopf füllen, den Zimt einstreuen und die Beeren mit kaltem Wasser knapp bedecken. Die Quitten und Zitronen (nur unbehandelte verwenden) halbieren, mit den Gewürznelken „spicken" und unter die Beeren drücken. Zum Aufkochen bringen und 30 bis 40 Minuten sacht ziehen lassen. Danach durch ein Sieb streichen, das Fruchtfleisch von den zu Mus gekochten Quitten und Birnen mit durchdrücken (Schalen und Gewürznelken nicht weiter verwenden). Das Durchgestrichene wieder in den Kochtopf zurückgeben, eventuell mit etwa 1/4 l heißem Wasser auffüllen. Zucker, Weißwein, Salz und Butter zugeben und nochmals erhitzen. Das zuvor kalt angerührte Mehl zum Binden einrühren, damit die Suppe sämig wird.
Holundersuppe muß sehr heiß gegessen werden. Am besten in eine vorgewärmte Servierschüssel umgießen oder den Kochtopf gleich auf den Tisch stellen. (Vorsicht - Holunderflecken!). Auf jedem Teller einzeln mit der steif geschlagenen süßen Sahne (Häubchen spritzen, Kleckse setzen oder einrühren) garnieren.
Das würflig geschnittene Toastbrot in Butter kroß rösten und erst am Tisch auf die Suppe geben - es darf vor Verzehrbeginn nicht „untergehen".

1 kg Holunderbeeren,
1/2 TL Zimt,
1-2 reife Quitten
(oder Birnen),
1-2 Zitronen,
8 Gewürznelken,
1 Prise Salz,
1 EL Butter,
250-300 g Zucker,
1/4 l Weißwein
(blumig, mit Muskatnote),
5 EL Stärkemehl,
1/4 l Schlagsahne,
4 Scheiben Toastbrot

WALDPILZ - SUPPE

1 bis 2 Zwiebeln,
50 g Speck,
250 bis 500 g Pilze
(Steinpilze, Maronen),
Pfeffer, Salz,
1 l Wasser oder Brühe

Die Zwiebeln feinhacken, den Speck würfeln und beides in einem Topf anrösten. Die Pilze putzen, kleinschneiden, zu Speck und Zwiebeln geben und 5 bis 10 Minuten dünsten. Mit Pfeffer und Salz würzen, mit der Brühe auffüllen und noch 10 Minuten kochen. Die Suppe kann mit Wein oder saurer Sahne verfeinert und mit einer Mehlschwitze legiert werden.

BIERSUPPE

1 l Weißbier, 5 EL Zucker,
1 Zitrone (Saft und
abgeriebene Schale),
1/4 Zimtstange,
1/2 TL Ingwer,
1/2 TL Muskatnuß,
1 EL Butter, 1 EL Mehl,
4 Eigelb, 1 Tasse Wasser

Bier mit Zucker, Zitrone, Zimt, Ingwer und geriebenem Muskat aufsieden. In Butter angeschwitztes Mehl zugeben und 1 bis 2 Minuten sacht weitersieden.
Die mit Wasser vermischten Eigelb einquirlen, danach vom Herd nehmen und sofort servieren.

GERÖSTETE SEMMELSUPPE

70 g geriebene Semmel,
40 g Butter, 10 g Salz,
1 Eigelb
1 1/2 l Wasser
1 TL gewiegte Petersilie

Die geriebenen Semmeln in der Butter rösten. Anschließend etwa 1 1/2 l heißes Wasser, das Eigelb und Salz dazugeben. Die Suppe 10 Minuten kochen lassen und zum Schluß die Petersilie einstreuen.

Bierkaltschale

Das Bier mit Zucker, Korinthen, Weißwein, Zitronensaft und Zimt vermischen. Kleingeschnittenes oder zerbröseltes Schwarzbrot in eine Servierschüssel legen und das Bier darübergießen. Dann 20 Minuten kalt stellen (Kühlschrank). Zu dieser Kaltschale werden „Butterbemmen" gegessen.

1 l Weißbier (oder Pils),
1/4 l Wasser,
5 EL Zucker,
3 EL Korinthen,
1 Zitrone (Saft),
1 Glas Weißwein,
1/2 TL Zimt,
2 Scheiben Schwarzbrot

Sorbische Buttermilchsuppe

Die Buttermilch mit Zucker und der abgeriebenen Schale der Zitrone (unbehandelt) aufkochen lassen. Danach die Suppe mit Stärkemehl binden und vor dem Servieren mit Zimt bestreuen.

1 l Buttermilch,
50 g Zucker,
1 Zitrone,
20 g Stärkemehl,
1 EL Zimt

Semmelmilch

Ein typisches Sommeressen an heißen Tagen, besonders für Kinder. Die nach Bedarf zerkleinerten und gezuckerten Früchte (z.B.Erdbeeren) mit der kalten Milch übergiessen und nach 10 Minuten in einer Servierschüssel auf den Tisch stellen. Für kleine Kinder werden die Semmeln stückchenweise eingebrockt. Größere Kinder oder Erwachsene tun dies selbst, da das unergründliche Geheimnis dieses Gerichtes in der Konsistenz der ganz, nur halb oder kaum aufgeweichten Semmelbrocken liegt.

2 l Milch (pro Person 1/2 l),
8 Semmeln
(frisch oder altbacken),
400 g süßes Beerenobst
oder Waldfrüchte
(je nach Jahreszeit
Erdbeeren, Heidel-,
Him- oder Brombeeren),
Zucker nach Bedarf

Vanillesuppe mit Erdbeeren

3 Päckchen Soßenpulver Vanillegeschmack,
1 l Milch,
2 EL Zucker,
frische, gezuckerte Erdbeeren,
Zwieback

Die Soßenpulver in etwas kalter Milch anrühren. Die restliche Milch mit dem Zucker zum Kochen bringen. Angerührtes Soßenpulver langsam zugeben und aufkochen lassen. In jeden Teller reichlich Erdbeeren geben und Vanillesuppe aufgießen. Zwieback einbrocken. Die Suppe kann warm oder kalt gegessen werden. Ein Kinderlieblingsgericht für heiße Tage („Erdbeerknietsch").

Kirschsuppe aus süßen Kirschen

1 kg Süßkirschen,
1 Stück Zimtstange,
2 Nelken,
1 TL Stärkemehl,
1 Tasse Weißwein,
Zucker, Salz,
Zwieback

Die gewaschenen, entsteinten Kirschen mit den Gewürzen in wenig Wasser kochen, dann durch ein Sieb rühren. Alles nochmals aufkochen lassen und mit dem in wenig Wasser angerührten Stärkemehl binden. Mit dem Weißwein abschmecken. Nach Belieben Zucker, eine Prise Salz, frische Kirschen und Schneeklößchen zufügen. Zu dieser sommerlichen Suppe wird Zwieback gereicht. Den Zwieback entweder dazu essen oder auf die Teller verteilen und mit der Suppe begießen.

Apfelsuppe

6 Äpfel,
1 Zitrone,
4 Zwiebäcke,
45 g Zucker,
Zimt

Die Äpfel schälen, in kleine Stücke schneiden und in wenig Wasser (Apfelstücke nur mit Wasser bedecken) weichkochen. Danach die Äpfel durch ein Sieb schlagen und mit den geriebenen Zwiebäcken, dem Saft der Zitrone, Zucker und Zimt auffüllen und nochmals aufkochen lassen.
Tip: Kleine Bällchen aus Eischnee auf die Suppe setzen.

Grüne Erbsensuppe

200 g grüne Erbsen,
1/2 TL Natron,
1 1/2 l Fleischbrühe,
50 g Fett,
20 g Mehl,
10 g Salz,
1/2 altbackenes Brötchen,
1 Prise Pfeffer

Die Erbsen am Vortag in Wasser mit etwas Natron einweichen (bei frischen nicht notwendig). Im Wasser erhitzen, bis sich weißer Schaum bildet. Danach das Wasser abgießen. Die Erbsen in der Fleischbrühe etwa 2 1/2 Stunden weichkochen und anschließend durch ein Sieb streichen.
Eine helle Mehlschwitze (40 g Fett und 20 g Mehl) mit der Erbsenbrühe auffüllen, salzen und weitere 10 Minuten kochen lassen. Mit Pfeffer abschmecken.
Das Brötchen in kleine Würfel schneiden und diese in dem restlichen Fett rösten. Vor dem Servieren die gerösteten Semmelwürfel in die Suppe geben.

SCHWARZWURZELSUPPE

250 g Schwarzwurzeln,
1/2 l Milch,
1/2 l Wasser,
60 g Fett,
50 g Mehl,
Muskat,
1/2 Zitrone (Saft),
Semmelbrösel

Die Schwarzwurzeln putzen und in 3 Zentimeter lange Stückchen schneiden. Die Milch mit dem Wasser vermischen und die geschnittenen Schwarzwurzeln darin dünsten, bis sie weich sind. Aus Fett und Mehl eine helle Schwitze herstellen und diese mit dem Milchwasser auffüllen, aus dem zuvor die Schwarzwurzelstückchen herausgenommen worden sind. Die Hälfte der Schwarzwurzeln durch ein Sieb streichen und in die Suppe geben. Die Suppe mit Muskat und Zitronensaft abschmecken und mit den übrigen Schwarzwurzelstückchen auf gerösteten Semmelbröseln anrichten.

BORNAER ZWIEBELSUPPE

500 g Kartoffeln,
1 1/2 l Fleischbrühe,
1 TL Kümmel,
1 TL Salz,
30 g Speck,
400 g Zwiebeln,
50 g Margarine,
10 g Mehl,
1/4 l saure Sahne,
2 Äpfel
2 EL Meerrettich

Die geschälten Kartoffeln in gleichmäßig kleine Stücke schneiden und in der Fleischbrühe mit Kümmel und Salz etwa 15 Minuten kochen. Den Speck in kleine Würfel schneiden und zusammen mit den in Scheiben geschnittenen Zwiebeln in Margarine 10 Minuten dünsten. Darüber das Mehl streuen und alles zu der Kartoffelsuppe geben, durchrühren und noch 5 bis 10 Minuten ziehen lassen. Die Äpfel entkernen, reiben und zusammen mit Meerrettich und Salz in die Sahne rühren und die Suppe zum Schluß damit abschmecken.

SPINATEINTOPF

375 g Spinat,
1 Zwiebel,
40 g Feinmargarine,
40 g Räucherspeck,
4 EL Mehl,
1 1/4 l Brühe oder Wasser,
Muskat, Salz,
4 EL geriebener Käse oder
geröstete Semmelbröckchen

Spinat und Zwiebel grob zerkleinern und in der Margarine andünsten. In den ausgelassenen Speckwürfelchen das Mehl schwitzen und nach und nach die Brühe auffüllen. Vier Fünftel des Spinats darin kochen lassen. Die vom Feuer genommene Suppe pürieren und mit Muskat und Salz abschmecken. Den restlichen, fein gehackten Spinat zugeben und auf jeden Teller Suppe geriebenen Käse oder geröstete Semmelbröckchen streuen.

MÖHRENEINTOPF

250 g Rindfleisch,
250 g Rinderknochen,
500 g Kartoffeln,
500 g Möhren,
Salz,
Majoran

Das Fleisch zusammen mit den Knochen kochen.
Anschließend beides herausnehmen und das Fleisch in kleine Stücke schneiden.
Kartoffeln und Möhren in Würfel schneiden und in der Fleischbrühe 20 Minuten dünsten.
Danach die Fleischstückchen wieder in die Suppe geben und mit Salz und Majoran abschmecken.

Sprichwörtlich
Drei Haare auf dem Kopf
sind relativ wenig,
ein Haar in der Suppe ist
relativ viel!

Sächsische Kartoffelsuppe

800 g Kartoffeln (roh),
50 g Erbsen,
50 g Möhren,
50 g Speck,
50 g Zwiebeln,
1/2 EL Butter,
1 1/4 l saure Sahne,
Majoran

Geschälte Kartoffeln, Erbsen und Möhren in 2 l Wasser garkochen und danach im Kochwasser zerstampfen. In einer Pfanne Speck und Zwiebeln in Butter anschwitzen lassen, mit der Sahne ablöschen und anschließend zu den gestampften Kartoffeln geben. Die Suppe eventuell mit heißer Brühe auffüllen und unter Rühren kräftig durchkochen lassen. Zuletzt mit Majoran abschmecken. In die fertige Suppe gehört eine Bockwurst (im ganzen oder in Scheiben geschnitten).

Variante: Anstelle Bockwurst Hackfleischklößchen zugeben. Aus 250 g Hackfleisch, Pfeffer, Salz, 1 Ei, 1 Zwiebel Klößchen formen, in etwas Margarine goldbraun braten.

Erzgebirgischer Linsentopf

250 g Linsen,
1 1/2 l Fleischbrühe,
1 Gewürzgurke,
Essig, Salz, Pfeffer,
100 g Speck,
2 Zwiebeln,
250 g Kartoffeln,
1 EL Mehl,
4 Bratwürste, Bratfett,
Petersilie

Die über Nacht in kaltem Wasser eingeweichten Linsen in der Fleischbrühe mit Gurkenwürfeln und Gewürzen ansetzen und garen. Speckwürfel auslassen, Zwiebelwürfel darin bräunen.
Kartoffelstückchen extra kochen und ebenfalls zufügen.
Den Linsentopf mit gebräuntem Mehl binden.
Die Bratwürste goldbraun braten und auf das fertige Gericht geben. Nach Wunsch mit gehackter Petersilie bestreuen.

Dresdner Kartoffelsuppe

Die Pellkartoffeln (erkaltete oder vom Vortag) schälen und reiben. Helle Mehlschwitze bereiten: Fett zergehen lassen und feingeschnittene Zwiebel glasig dünsten (1 bis 2 Minuten), unter ständigem Rühren das Mehl hinzugeben, bis es sich vom Topfboden löst. Mit 1 Tasse kaltem Wasser (oder kalter Fleischbrühe) glattrühren (verhindert Klümpchenbildung), danach das heiße Wasser zugießen und etwa 5 Minuten kochen. Geriebene Kartoffeln und Salz hinzufügen und weitere 10 Minuten kochen lassen, zum Schluß die gewiegte Petersilie einstreuen und in der heißen Suppe ziehen lassen. Verwendet man Liebstöckel, kann dieser mitgekocht werden. Mit Pfeffer abschmecken. Auch hier gehört Bockwurst (ganz oder geschnitten) oder eine Scheibe Jagdwurst als Einlage dazu.

250 g Kartoffeln (gekocht),
2 EL Fett
(Butter oder Margarine),
2-3 EL Mehl,
1 Zwiebel,
1 Tasse Wasser (kalt),
1 l Wasser
(oder Fleischbrühe, heiß),
1 EL Salz,
2 EL kräftiges Küchenkraut
(gewiegte Petersilie,
Majoran oder Liebstöckel),
1 Prise Pfeffer

Zodelsuppe

Die Kartoffeln schälen und anschließend in 1 1/2 l kochendes Wasser reiben und gut umrühren. In einer Pfanne die Zwiebel in Butter goldbraun braten und anschließend in die Suppe geben. Zuletzt mit Salz und Pfeffer abschmecken.

Der Name dieser Suppe leitet sich von dem Dialektwort zod(d)eln / zetteln (= kleinmachen) ab. Das entsprechende Reibeisen heißt in manchen Gegenden direkt "Zetteleisen".

4 große Kartoffeln,
1 1/2 l Wasser,
1 Zwiebel,
1 TL Butter,
Salz, Pfeffer

BLUMENKOHLSUPPE

1 größerer Blumenkohl,
20 g Butter,
10 g Mehl,
1 Ei,
Salz,
1 Prise Muskat

Den Blumenkohl waschen, in Röschen zerteilen und in Wasser mit etwas Salz weichdünsten. Danach die Blumenkohlröschen zunächst aus dem Wasser nehmen. Die Butter zergehen lassen und das Mehl darin anschwitzen. Unter Rühren die Schwitze mit dem Blumenkohlwasser auffüllen.

Das Ei mit etwas Wasser verquirlen und zu der nicht mehr kochenden Suppe geben. Anschließend die Blumenkohlröschen wieder dazugeben und die Suppe mit etwas Muskat abschmecken.

ZITTAUER BOHNENSUPPE

400 g grüne Bohnen,
4 größere Kartoffeln,
3/4 l Fleischbrühe,
2 Stengel Bohnenkraut,
100 g durchwachsener Speck,
1 Zwiebel,
2 EL saure Sahne,
1 EL Petersilie,
Salz, weißer Pfeffer

Die Kartoffeln schälen und in kleine Stücke schneiden. Die Bohnen nach dem Putzen ebenfalls in kleine Stücke schnippeln. Danach beides mit der Brühe und dem Bohnenkraut in einen Topf geben, zum Kochen bringen und knappe 30 Minuten garen lassen. Das Bohnenkraut herausnehmen und die Suppe pürieren.

Speck und Zwiebel in kleine Würfel schneiden, beides rösten und zur Suppe geben. Danach die Sahne in die Suppe einrühren, die Petersilie einstreuen und zum Schluß mit Salz und Pfeffer abschmecken.

Sauerkrauttopf

Die Kartoffeln schälen und in kleine Würfel schneiden. Die Rippchen zusammen mit dem Sauerkraut, den Kartoffeln und dem Kümmel langsam dünsten (40 bis 60 Minuten, im Schnellkochtopf etwa 25 Minuten kochen lassen). Danach die Rippchen herausnehmen, das Fleisch von den Knochen lösen, kleinschneiden und in den Eintopf (der mehrfach umgerührt werden muß, damit er nicht anhängt, eventuell heißes Wasser nachgießen) zurückgeben.
Zu diesem Eintopfgericht wird Schwarzbrot gegessen.

750 g Sauerkraut,
1/8 l Wasser,
500 g Rippchen (geräuchert),
6-8 Kartoffeln,
1 TL Kümmel

Klunkernsuppe

Die Eier mit etwas Wasser schlagen, danach Mehl hinzugeben, bis eine zähe, dickflüssige Masse entsteht. Die Milch mit etwas Salz und Muskat zum Kochen bringen. Die Eimasse unter Rühren hinzugeben und gut durchkochen lassen. Nach Belieben danach Backobst und Zucker in die Suppe geben.

3 Eier,
1/2 Tasse Wasser,
2-3 EL Mehl,
1 l Milch, 1/2 TL Salz,
1/2 TL Muskat (gerieben),
Backobst, Zucker

TIP

Über einen Löffel eintropfen lassen, damit separate Klümpchen (Klunkern) entstehen.

SAURE FLECKE (KUTTELN)

1 kg Kalbsflecke, Salz,
1 Zwiebel,
1 Möhre,
1 Petersilienwurzel,
1 Stück Sellerie,
1 Nelke,
2 Gewürzkörner,
2 Pfefferkörner, Pfeffer,
1/4 Lorbeerblatt,
40 g Butter oder Margarine,
40 g Mehl,
Brühe,
1/2 Zitrone oder
etwas Essig,
gehackte Petersilie

Die Flecke sorgfältig mit Salz abreiben, gut waschen und in kaltem Wasser aufs Feuer bringen. Wenn das Wasser kocht, abgießen und frisches kaltes Wasser darübergeben. Salz, Zwiebel, die Suppenkräuter und das andere Gewürz beifügen, die Flecke weichkochen.
Dann herausnehmen, in große Würfel schneiden und eine Soße bereiten. Dafür aus Butter und Mehl eine Schwitze herstellen, mit Brühe auffüllen, mit Salz, Pfeffer und dem Saft einer halben Zitrone oder dem Essig pikant abschmecken. In diese Soße die Flecke geben. Gut durchkochen lassen. Vor dem Anrichten reichlich gehackte Petersilie darüberstreuen. Heiß servieren.

VOGTLÄNDISCHE SAURE SPALKEN (SAURE KARTOFFELSTÜCKCHEN)

500 g Rindfleisch
(hohe Rippe),
Salz,
1 Zwiebel,
1 Wurzelwerk oder
Suppengrün
1 1/2 kg Kartoffeln,
Essig, Zucker,
1 große saure Gurke

Das Fleisch in reichlich 1 l Salzwasser mit Zwiebel und Wurzelwerk bißfest garen, herausnehmen und kleinschneiden. Geschälte, in Würfel geschnittene Kartoffeln und Gurkenstückchen in die Brühe geben und garen. Fleischwürfel zufügen, mit Essig und Zucker abschmecken. Soll der Eintopf mit Senfgurke zubereitet werden, Gurkenwürfel und -brühe vor dem Garen zufügen. Zum Schluß nochmals süß sauer abschmecken.

Süss-saure Schnietle

600 g Suppenfleisch
vom Rind ohne Knochen,
Salz,
1 Lorbeerblatt,
Gewürzkörner,
1 kg Kartoffeln,
100 g Knollensellerie,
100 g Möhren,
1 Zwiebel,
Pfeffer,
1 TL Zucker,
1-2 EL Essig,
Petersilie

Das vorbereitete Rindfleisch in 1 1/2 Liter Wasser mit etwas Salz, Lorbeerblatt und den Gewürzkörnern ansetzen und zum Kochen bringen. Bei geringer Hitze etwa 90 Minuten garkochen. Das Fleisch herausnehmen, in Würfel schneiden und warm stellen. Die Brühe durch ein Sieb geben und wieder auf den Herd setzen. Die Kartoffeln schälen, waschen und in etwa 3 Millimeter dicke Scheiben schneiden. Die Scheiben mit den Sellerie- und Möhrenwürfeln sowie der feingeschnittenen Zwiebel in der Brühe garkochen. Mit Salz, Pfeffer, Zucker und Essig süß-sauer abschmecken. Gehackte Petersilie zufügen und umrühren. Abschließend die Fleischwürfel hineingeben und alles noch einmal erhitzen.

Mengentip:

1 gestrichener Teelöffel (TL) =
5 g Salz
5 g Backpulver
5 g Fett

4 EL Flüssigkeit =
1/16 Liter

1 gestrichener Eßlöffel (EL) =
15 g Fett
20 g Salz
15 g Zucker
15 g Grieß
10 g Mehl
5 g Haferflocken

1 normale Kaffeetasse (gestrichen voll) =
60 g Haferflocken
125 g Mehl
140 g Grieß
180 g Zucker
1/8 l Flüssigkeit

Schweinefleisch

Frisch geschlachtet, gepökelt oder geräuchert, fett oder mager, zu Wurst verarbeitet, gekocht, gebacken, geröstet oder gebraten – Schweinefleisch und Speck sind seit jeher Bestandteil aller Küchenregionen in Sachsen und prägen ganz entscheidend den Wohlgeschmack der einheimischen Speisen.

ALT-SÄCHSISCHER SCHWEINEBAUCH

500 g Schweinebauch,
1 EL Essig,
1 TL Salz,
1 Lorbeerblatt,
1 EL Wacholderbeeren,
1 kg Kartoffeln,
1 Knolle Sellerie,
4 große Möhren,
2 Stangen Porree,
3 Zwiebeln,
2 EL Fett
(Butter oder Margarine),
1/2 l Brühe,
4-6 TL geriebener
Meerrettich,
2 EL Petersilie

Den Schweinebauch in kaltem Wasser mit Essig, Salz, Lorbeerblatt, Wacholderbeeren (oder gemischten, bunten Gewürzkörnern) ansetzen und garkochen. Kartoffeln schälen und kochen. Sellerie, Möhren, Porree putzen und in kleine Stücke oder Streifen schneiden, Zwiebel kleinschneiden und alles in dem zerlassenen Fett von allen Seiten anbraten, die Brühe zugießen und in dieser alles weichdünsten.
Den Schweinebauch in 1 bis 2 Zentimeter dicke Scheiben schneiden (pro Person 1 Scheibe) und in die Mitte vorgewärmter Teller legen.
Darüber portionsweise das gedünstete Gemüse, obenauf frisch gehackte Petersilie und geriebenen Meerrettich (1 TL pro Person, mancher mag diesen nicht über dem Gemüse, sondern am Tellerrand). Die Salzkartoffeln zur Garnierung ebenfalls mit Petersilie bestreuen.

Schlachtfest-Spruch
Das Herz einer Frau,
der Magen einer Sau
und der Inhalt einer Wurst
bleiben ewig unerforscht!

GEBACKENE LEBER

Die Leber in Stücke schneiden. Danach in einer feuerfesten Form etwas Öl erhitzen und den in Würfel geschnittenen Speck darin auslassen. Die Leberstückchen dazugeben und kurz anbraten lassen. Danach die kleingeschnittene Knoblauchzehe zugeben und alles mit Brühe auffüllen. Thymian und Lorbeerblatt dazugeben und alles bei mittlerer Hitze 40 Minuten garen lassen. Lorbeerblatt entfernen, das Mehl mit etwas Wasser verquirlen und in das Gericht rühren, das unter gelegentlichem Rühren nun noch solange ziehen muß, bis die Soße andickt. Zum Schluß mit Salz und Pfeffer abschmecken. Mit Kartoffelbrei servieren.

500 g Schweineleber,
2 EL Öl,
100 g Speck,
1 Knoblauchzehe,
1/2 l Brühe,
1 TL Thymian,
1 Lorbeerblatt,
1 EL Mehl,
1/2 Tasse Wasser (kalt),
Salz, Pfeffer

KURZGEBRATENES MIT THYMIANBRATKARTOFFELN

Schnitzel klopfen, salzen, pfeffern und im heißen Bratfett von beiden Seiten schnell braten.
Die Pellkartoffeln schälen, in Scheiben schneiden, salzen, im heißen Öl knusprig braun braten, vom Herd nehmen und den frisch gehackten Thymian daruntermischen. Zugedeckt 5 Minuten einziehen lassen und dann mit den kurzgebratenen Schnitzeln servieren.

4 Schnitzel,
2 EL Bratfett,
Salz, Pfeffer,
500 g Pellkartoffeln
(abgekühlt oder
vom Vortag),
2 EL Öl,
1-2 TL Salz,
3 EL gehackter Thymian

Senffleisch

4 Schweineschnitzel,
4 EL Senf,
2 EL Öl,
Salz, Pfeffer

Die Schnitzel klopfen, mit wenig Salz und Pfeffer einreiben und von einer Seite mit Senf bestreichen. In einer Pfanne diese Seite in heißem Öl zuerst braten. Danach die andere Seite mit Senf bestreichen und diese ebenfalls braten lassen.
Die Schnitzel können auch in fingerdicke Streifen geschnitten und mit Salz und Pfeffer in Senf mariniert werden. Das Fleisch wird dann wie Gulasch gebraten, wobei man etwas Brühe zugeben kann und diese mit Mehl bindet. Serviert wird mit Salzkartoffeln.

Hackfleisch mit Schmorgurke und Tomaten

400 g Hackfleisch,
2 EL Butter
(oder Margarine),
2 große grüne Gurken,
6 Tomaten,
frische Küchenkräuter
(Dill, Petersilie, Borretsch),
140 g Reis,
Salz, Pfeffer

Das Hackfleisch mit Salz und Pfeffer würzen und in einem Tiegel mit Butter braten. Die Gurken schälen und in Stücke schneiden. Die Tomaten ebenfalls in kleine Stücke schneiden.
In einer zweiten Pfanne Butter erhitzen und die Gurkenstückchen braten, danach die Tomaten zugeben und alles noch etwas dünsten lassen. Zum Schluß mit Salz und Pfeffer würzen. Dill, gewiegte Petersilie und Borretsch (nur junge Blättchen) hinzugeben und das gebratene Hackfleisch untermischen. Das Gericht mit Reis servieren.

Schweinefleisch

Schusterpfanne

Das Fleisch in Würfel schneiden und mit Salz und Pfeffer würzen. Die Kartoffeln schälen und in Scheiben schneiden. Die Früchte schälen, entkernen und quer in etwa 1 Zentimeter dicke Scheiben schneiden.
In einem größeren Deckeltiegel das Fett erhitzen und das Fleisch von allen Seiten scharf anbraten.
Anschließend in die Tiegelmitte schieben, Kartoffel- und Birnenscheiben (mehrere davon mit je 1 Gewürznelke „spicken") immer abwechselnd um das Fleisch herumlegen, Kümmel aufstreuen, mit der Brühe auffüllen und zugedeckt etwa 1 1/2 Stunden weichdünsten lassen.

750 g Schweinefleisch,
750 g Kartoffeln,
500 g Winterbirnen,
80 g Fett
(Butter oder Margarine),
1 EL Kümmel,
3-5 Gewürznelken,
1/2 l Brühe,
Pfeffer, Salz

Biergulasch

Das Fleisch in gleichmäßige Würfel schneiden und in heißem Öl von allen Seiten anbraten.
Die feingeschnittenen Zwiebeln, Pfeffer und Salz zugeben. Danach mit der Brühe auffüllen und etwa 45 bis 60 Minuten schmoren lassen - am besten in einem Tontopf. Das Bier während des Schmorens nach und nach zugießen. Vom Herd nehmen und sofort das geriebene Schwarzbrot, den Knoblauch (feingeschnitten oder ausgepreßt), den Kümmel und die Sahne unterziehen.
Mit Salzkartoffeln oder Kartoffelbrei servieren.

1 kg Schweinefleisch,
2 EL Öl,
2 Zwiebeln,
1 Tasse Fleischbrühe,
1/2 l Weißbier oder Pilsener,
3 EL zerbröseltes
altbackenes Schwarzbrot,
1 Knoblauchzehe,
4 EL saure Sahne,
1/2 TL gemahlener Kümmel,
Pfeffer, Salz

PILZGULASCH

250 g Schweinefleisch,
250 g Rindfleisch,
50 g Margarine,
250 g Zwiebeln,
Salz, Pfeffer,
1 kg Mischpilze,
10 g Mehl,
1/8 l Sahne

Das gewürfelte Fleisch im Fett gut bräunen. Die in Scheiben geschnittenen Zwiebeln dazugeben und mit bräunen lassen. Mit Salz und Pfeffer kräftig abschmecken, wenig Wasser angießen und etwa 1 Stunde schmoren. Inzwischen die Pilze putzen, waschen und 30 Minuten mit schmoren lassen. Zum Schluß Mehl überstäuben, gut durchrühren, Sahne zugießen, noch einmal aufkochen lassen und abschmecken.

RAUCHFLEISCH MIT LINSEN

380 g Rauchfleisch,
500 g Linsen,
30 g Fett,
25 g Mehl,
15 g Zucker,
2 EL Essig,
1 Zwiebel,
Pfeffer, Salz,
Natron

Die Linsen einen Tag vorher in kaltem Wasser mit einer Prise Natron einweichen. Das Fleisch in etwa 1 1/2 l kochendem Wasser ansetzen. Unterdessen die Linsen im Einweichwasser zum Kochen bringen und anschließend abgießen. Die Linsen zum Fleisch geben und bei geringer Hitze weichkochen. Anschließend das Fleisch herausnehmen und in kleine Würfel schneiden.
Für die Mehlschwitze das Fett erhitzen und dann das Mehl hinzugeben. Ist das Mehl goldbraun, mit der kleingehackten Zwiebel vermischen. Die Mehlschwitze mit etwas kaltem Wasser glattrühren, zu den Linsen geben und etwa 10 Minuten kochen lassen. Danach mit Essig, Salz, Pfeffer und Zucker abschmecken und die Fleischwürfel dazugeben.

KASSLER-SAUERKRAUT

500 g Sauerkraut,
2 große Kartoffeln (roh),
400 g Kaßler (in Scheiben),
3 Scheiben Schinkenspeck,
4 Zwiebeln

Die Kartoffeln schälen, reiben und unter das Sauerkraut ziehen. Den Boden eines dichtschließenden, hochwandigen Brattopfes mit dem fetten Schinkenspeck auslegen, die feingeschnittenen Zwiebeln darübergeben. Dann eine Lage Sauerkraut, eine Lage Kaßlerscheiben (dünn geschnitten), wieder Sauerkraut, wieder Fleisch einlegen, bis der Topf voll ist (zuletzt Sauerkraut). Dicht verschlossen (es darf kein Dampf entweichen) schmort das Gericht bei geringer Hitze im eigenen Saft 1 1/2 bis 2 Stunden.
Serviert wird Kaßler-Sauerkraut mit Salzkartoffeln.

„Semper lustig, nunquam traurig",
war der Wahlspruch von Joseph Fröhlich, dem zwergwüchsigen Narren am Hofe Augusts des Starken. Sauer macht lustig und Sauerkraut besonders. Dreimal aufgewärmt soll es am besten schmecken, wenn es dabei auch immer sämiger wird.
Joseph Fröhlich jedenfalls muß um 1700 ein intimer Kenner gewesen sein: In einem Brief an August den Starken schreibt er, daß er schon "so geschmeidig geworden … wie ein neunmal aufgewärmtes Sauerkraut".

Gefülltes Sachsensteak

600 g Schweinekamm (ausgeschält, in Scheiben), etwas Kräuterbutter, Gyrosgewürz (grüne Kräuter) oder Steakgewürz, 3 Paprikaschoten (1 rote, 1 gelbe, 1 grüne, geschnetzelt), 3 Zwiebeln, 2 Tomaten, 1 Büchse Champignons, Selleriegrün oder Petersilie, Salz, Pfeffer, 1 Becher saure Sahne

Jede Scheibe Fleisch auf einer Seite dünn mit Kräuterbutter bestreichen und mit den Gewürzen bestreuen. Zwiebeln in Ringe schneiden, Tomaten in Scheiben.
Die Kammscheiben in eine Auflaufform oder in Alu-Folie geben, jeweils zwischen die Scheiben etwas von dem Gemüse und den frischen Kräutern legen.
Zum Schluß Salz und Pfeffer sowie saure Sahne über das Fleisch geben. Gut verschlossen 1 bis 1 1/2 Stunden bei 220°C im Herd schmoren lassen.
Den köstlichen Bratensaft eventuell zur Soße andicken.

Apfelschmorbraten

500 g Schweinekamm, 1 EL Öl, 1 Wurzelwerk, 1/4 l Brühe, 40 g Mehl, 400 g Zwiebeln, 700 g Äpfel, Petersilie, Pfeffer, Salz

Das Fleisch salzen, pfeffern und in Öl kurz anbraten. Zusammen mit dem Fleisch das Wurzelwerk bräunen und die vorher mit Mehl gebundene Brühe angießen, alles garschmoren. Die Zwiebeln schälen und in kleine Würfel schneiden. Die Äpfel schälen, entkernen und ebenfalls in Würfel schneiden. Zwiebeln und Äpfel mit Pfeffer und Salz in Öl anschwitzen.
Das Fleisch aus der Schmorsoße nehmen und in Scheiben geschnitten auf vorgewärmten Tellern anrichten. Über das Fleisch dann zuerst die Soße, danach die Äpfel und Zwiebeln geben. Das Gericht mit Salzkartoffeln servieren und mit gewiegter Petersilie garnieren.

ZWIEBELFLEISCH

Das Fleisch in etwa 2 l kaltem Wasser zusammen mit dem kleingeschnittenen Wurzelwerk, Nelken, Wacholderbeeren, Lorbeerblatt, Liebstöckel und Salz ansetzen, zum Kochen bringen und bei geringer Hitze etwa 2 Stunden köcheln lassen.
Danach die Haxe herausnehmen und beiseitestellen. Die Brühe durch ein Sieb gießen und warm halten. Das Fett erhitzen, die in Scheiben geschnittenen Zwiebeln darin glasig dünsten und mit 1/4 l von der abgegossenen Brühe auffüllen, kurz aufkochen und danach 15 Minuten nur noch leicht köcheln lassen. Geriebene Semmel, Kümmel, Pfeffer, Salz und ein wenig Zucker hinzugeben.
Inzwischen das Fleisch vom Knochen lösen, in Stücke schneiden und nach und nach in die köchelnde Zwiebelsoße zum Warmhalten geben.
Zwiebelfleisch wird mit Pellkartoffeln, Salzkartoffeln oder Klößen serviert.

1 kg Schweinshaxe,
1 Wurzelwerk,
5-8 Wacholderbeeren,
2 Nelken,
1-2 Lorbeerblätter,
1 EL Liebstöckel (feingehackt),
500 g Zwiebeln oder Schalotten,
50 g Fett (Butter oder Margarine),
3 EL geriebene Semmel,
1 TL gemahlener Kümmel,
1/2 TL Zucker,
Pfeffer, Salz

Energiespar - TIP

Wer auf einem Elektroherd kocht, spart bares Geld, wenn er die richtigen Töpfe (absolut planer Boden mit entsprechendem Durchmesser) benutzt. Weil Herdplatten lange die Energie speichern, sollte rechtzeitig heruntergeschaltet werden, sonst heizen Sie die Küche!

KNUSPRIGES EISENTOPFBROT

1 kg Schweinekamm,
Salz, Pfeffer,
6 Zwiebeln,
3 Tomaten,
1/8 l Portugieser Rotwein,
1/8 l Rinderfond,
30 g Butter,
3 Knoblauchzehen,
2 EL Weckmehl,
1 EL Crème fraîche,
1 Ei,
150 g mittelalter Gouda,
1 EL gehackte Kräuer

Schweinekamm waschen, abtrocknen und mit Salz und Pfeffer einreiben. Fleisch gut anbraten.
3 Zwiebeln und die Tomaten enthäuten, würfeln und zum Fleisch geben. Dann den Rinderfond zugeben.
Den Schweinekamm zugedeckt im Backofen bei 200° C etwa 1 1/2 Stunden braten. Ab und zu mit Bratenfond begießen.
Die restlichen 3 Zwiebeln in Streifen schneiden und in Butter glasig dünsten. Dann im Mixer pürieren. Die Zwiebeln mit den durchgepreßten Knoblauchzehen, dem Weckmehl, der Crème fraîche, dem Ei, dem geriebenen Gouda und den gehackten Küchenkräutern zu einer Paste verrühren. 15 Minuten vor Beendigung der Garzeit diese Paste auf das Fleisch streichen und alles ohne Deckel weiterbraten.
Das Fleisch herausnehmen, den Bratenfond durch ein Sieb streichen und abschmecken.
Zum Eisentopfbrot passen „grüne Knöpfe" (siehe Seite 100) und Rotkraut.

Noch ein
Energiespar - T I P

Öffnen Sie beim Braten die Ofentür so kurz wie möglich. Mit jedem Öffnen verpuffen etwa 20 Prozent Energie, und die Röhre muß wieder aufgeheizt werden.

Schnudendunker

In einer Auflaufform die Kartoffeln mit den Zwiebeln und Gewürzen wie Bratkartoffeln zubereiten. Das Gehackte würzen und über die Kartoffeln verteilen. Über das Gehackte geschnittene Tomatenscheiben legen und mit Schnittlauch bestreuen. Dann Schnittkäse darauflegen und einige Margarineflöckchen aufsetzen. In der Backröhre bei Mittelhitze etwa 30 bis 40 Minuten backen.
Dazu gehört eine große Schüssel frischer Salat.

800 g gekochte Kartoffeln,
2 Zwiebeln,
Öl zum Braten, Salz, Pfeffer,
Paprika, Kümmel,
600 g Gehacktes,
Zwiebeln, Salz, Pfeffer,
etwas gekörnte Brühe,
Schnittlauch,
Petersilie, Majoran,
300 g Schnittkäse
(Gouda oder Edamer),
4 mittelgroße Tomaten,
Margarineflöckchen

Schinkenspeise

Nudelteig so dünn wie möglich ausrollen, mit Rädchen kleine viereckige Stücke schneiden, in Salzwasser abkochen und abtropfen lassen.
Schinken kleinschneiden (am besten wiegen), mit Eiern, Rahm, Milch, Schnittlauch, etwas Salz und Muskat verrühren. Anschließend mit den Nudeln in eine Auflaufform setzen, mit Käse bestreuen und im Ofen gelb backen.

Für die Nudeln:
2 Eier, Mehl
Für den Schinken:
200 g Schinken,
4 EL saurer Rahm,
1 Tasse Milch
Muskat, Schnittlauch,
3 Eier,
1 EL Parmesankäse

BAUTZENER TOPFSÜLZE

1kg Eisbein,
50 g Sellerie,
2 Zwiebeln,
3 kleine Möhren,
2 Gewürzgurken,
1 Lorbeerblatt,
Gewürzkörner,
8 Blatt Gelatine,
5 Perlzwiebeln
(oder Schalotten),
3 Wiesen- oder
Waldchampignons,
Essig,
Zucker,
Salz

Zwiebeln, Sellerie und 1 Möhre in kleine Würfelchen schneiden. Das Fleisch zusammen mit dem Gemüse, dem Lorbeerblatt und einigen Gewürzkörnern in 1 1/2 l Salzwasser ansetzen und etwa 2 Stunden bei geringer Hitze dünsten. 15 Minuten vor dem Garende noch 2 kleingeschnittene Möhren zugeben. Anschließend das Fleisch aus der Brühe nehmen, Schwarte, Fett und Knochen entfernen, in kleine Würfel schneiden und in eine große Schale legen. Die kleingeschnittenen Gewürzgurken, Zwiebeln und Champignons über dem Fleisch verteilen.

Die Fleischbrühe mit Essig und Zucker abschmecken und die vorher aufgelöste Gelatine darunterrühren. Danach alles über das Fleisch in die Schale geben, 2 Stunden erstarren lassen und dann auf einen flachen Glasteller stürzen (ist der Teller vorher kalt abgespült, gleitet die Sülze gut darauf).

Das Gericht mit Bratkartoffeln oder frischem Landbrot servieren.

Sächsischer Kanon
„Schwein, du bist tot
und liegst auf dem Tisch!
Schwein, du bist tot,
jetzt (fr)essen wir dich!"

NIERCHEN

Nieren waschen, erst der Länge nach durchschneiden, dann in 5 Millimeter breite Scheiben schneiden. Die feingewiegten Schalotten im heißen Fett glasig dünsten, die Nierenstücke zufügen und unter ständigem Rühren von allen Seiten anbraten. Pfeffer und Zucker einstreuen, mit dem Essigwasser ablöschen. Das Mehl über die Nierenstücke stäuben, mehrfach umrühren. Danach mit heißem Wasser bzw. der Fleischbrühe auffüllen, Salz einstreuen und bei geringer Hitze zugedeckt dünsten lassen. Zum Schluß die kleingeschnittene Senfgurke zufügen und die saure Sahne einrühren. Nierchen werden zu Klößen, Kartoffelbrei oder Salzkartoffeln gegessen.

500 g Schweinenieren,
2 Schalotten
(oder Zwiebeln),
2 EL Bratfett
(Butter oder Margarine),
1/2 TL Pfeffer (gemahlen),
1 TL Zucker,
3 EL Essigwasser,
3 EL Mehl,
1/4 l Wasser oder
Fleischbrühe,
1/2 TL Salz,
2 Scheiben Senfgurken,
1/8 l saure Sahne,
1 TL gehackte Petersilie

WARMES ECKCHEN

Von großen Schweinebraten werden die zwei Randstücke abgeschnitten, um als „warme Eckchen" für das Abendbrot oder als Zwischenmahlzeit aufgehoben zu werden. Dieses kleine Gericht – die Bratenreste werden heißgemacht, auf Schwarzbrot gelegt und mit einer dunklen Soße begossen – ist weniger im Familienkreis üblich als seit fast 200 Jahren ein Standardgericht in den sächsischen Gasthöfen und Speisegaststätten.
Manchmal werden die „warmen Eckchen" – es sind immer zwei Scheiben Fleisch – auch mit Bratkartoffeln und Kraut (meist Sauerkraut) serviert.

300 g Schweinebraten
(Reste),
2 Scheiben Grau- oder
Schwarzbrot,
Rohkostsalat oder
Gemüsebeilage

Rindfleisch

Voraussetzung für die jahrhundertealten Traditionen erfolgreicher Weidewirtschaft waren in Sachsen die großen natürlichen Wiesenflächen. Von der Oberlausitz im Osten bis zum Vogtland im Westen, von den Elbwiesen im Norden bis zum Erzgebirgskamm im Süden werden sie für naturnahe und artgerechte Nutztierhaltung, die in der sächsischen Hausküche immer mehr erwartet wird, jetzt wieder zunehmend genutzt. Das vorzügliche Fleisch von zartem Wohlgeschmack weiß man in der Küche zu schätzen.

OBERLAUSITZER „DEICHELMAUKE"

500 g Rindfleisch,
1 Wurzelwerk,
2 Lorbeerblätter,
Pfeffer,
Pfefferkörner,
Majoran, Salz,
3 Zwiebeln,
1 kg Kartoffeln,
1/4 l Milch,
150 g Speck,
500 g Sauerkraut

Das Fleisch mit dem kleingeschnittenen Wurzelwerk, 1 geschnittenen Zwiebel, 1 Lorbeerblatt, Majoran, Pfeffer und Salz kochen. Danach das Fleisch aus der Brühe nehmen, abkühlen lassen, in Würfel schneiden, diese wieder in die Brühe geben und noch einmal kurz aufkochen lassen.
Die geschälten Kartoffeln in Salzwasser kochen, abgießen, anschließend zerstampfen und mit der Milch zu einem Brei schlagen. Eine Zwiebel und etwa 100 g Speck in kleine Würfel schneiden, mit Majoran würzen und in etwas Butter braten. Danach beides unter den Kartoffelbrei rühren und mit Salz abschmecken.
Das Sauerkraut mit 1 Lorbeerblatt und Pfefferkörnern 20 Minuten kochen. Eine Zwiebel und 50 g Speck in kleine Würfel schneiden, in Butter anbraten und unter das Sauerkraut geben, zuletzt noch mit Majoran abschmecken. Den Kartoffelbrei auf Teller geben. Mit einem Eßlöffel in die Mitte jeweils eine Mulde drücken, das Rindfleisch mit der Brühe hineingeben und mit Sauerkraut servieren.

„BRÜHE INS LOCH"

(vereinfachte Variante von Deichelmauke)
Aus dem Rindfleisch in etwa 1 l Salzwasser mit Wurzelwerk und Gewürz eine kräftige Brühe kochen.
Kartoffeln schälen, in kleine Stücke schneiden und kochen.
Die abgegossenen Kartoffeln stampfen, mit der Brühe zu Mus schlagen. Kartoffelmus auf Teller verteilen und mit der Kelle eine Vertiefung in die Mitte drücken.
Die Brühe, das kleinwürflig geschnittene Rindfleisch und feingehackte Petersilie hineingeben.
Ein schnelles, einfaches Mittagessen.

250-300 g Rindfleisch (Hohe Rippe, Kamm oder Brust),
1 Wurzelwerk,
1 kleine Zwiebel,
1 Lorbeerblatt,
Piment,
500 g Kartoffeln

RINDERROLLBRATEN

Aus dem Fleisch zunächst die Knochen herauslösen, danach breitklopfen. Schinken und Speck sehr fein wiegen und danach Eier, Pfeffer, Salz, Zitronenschale, gewiegte Zwiebel, die zerstoßenen Nelken und die geriebene Semmel hinzugeben und gut zu einer Masse verrühren.
Mit dieser Masse das Fleisch von einer Seite bestreichen, zusammenrollen, gut verschnüren und in Butter von allen Seiten anbraten, dann die Fleischbrühe zugießen, Suppengrün einlegen und in fest verschlossenem Topf bei mittlerer Hitze etwa 2 Stunden weichdünsten.

2 kg Rindfleisch (Hohe Rippe),
125g Schinken,
100 g Speck,
3 Eier,
1/2 TL Zitronenschale,
1 Zwiebel,
5 Nelken,
1 Tasse geriebene Semmel,
1/2 l Brühe,
1 Suppengrün,
Pfeffer, Salz

Rouladen

500 g Rinderrouladen (Scheiben),
50 g fetter Speck,
1 große Zwiebel,
2 kleine saure Gurken,
2-3 EL Mehl,
3 EL Fett,
3/4 l Wasser (oder Fleischbrühe)

Den Speck in kleine Würfel oder Stifte schneiden, salzen und pfeffern, die Zwiebel feinwiegen und mit dem Speck vermischen. Die Gurken der Länge nach halbieren oder vierteln. Die Fleischscheiben mit Speck und Zwiebel auf einer Seite bestreichen, je 1/2 saure Gurke einlegen, zur Roulade zusammenrollen, mit Faden zubinden oder mit einer Rouladennadel zusammenstecken.

Die Fleischrollen in Mehl wälzen, in heißem Fett ringsum anbraten und kochendes Wasser bzw. Fleischbrühe zugießen. In fest verschlossener Kasserolle und wenig Hitze langsam weichdünsten lassen (dauert etwa 1 1/2 bis 2 Stunden).

Mit Klößen und Rotkraut servieren.

TIP

Besonders pikant werden die Rouladen, wenn man vor dem Füllen auf die Innenseite scharfen Senf dünn aufstreicht.

Rinderrouladen mit Kräuterfüllung

Rinderrouladen mit Fleischklopfer flachklopfen, mit Salz und Pfeffer einreiben. Für die Füllung die geputzten Champignons feinwürfeln und mit den Knoblauchzehen in Butter schmoren.
Das Brötchen in Wasser einweichen und gut ausdrücken. Zusammen mit den leicht erkalteten Champignons, Petersilie, Senf und geriebenem Gouda vermischen und mit Salz und Pfeffer abschmecken. Die Füllung auf die 4 Rouladen streichen, aufrollen und mit einer Rouladennadel feststecken oder mit Garn umwickeln.
Öl in einem Topf erhitzen und die Rouladen rundherum etwa 10 Minuten bei mittlerer Temperatur braten.
Geschälte Zwiebeln und geputzte Champignons in Scheiben schneiden, zufügen und kurz mitbraten.
Wasser angießen und Senf einrühren. Zugedeckt auf niederer Temperatur etwa 90 Minuten schmoren lassen (auch im Backofen möglich).
Die Soße nach Wunsch andicken, zum Schluß mit Salz abschmecken und mit Petersilie bestreut servieren.
Dazu Salzkartoffeln und einen Rahm-Rosenkohl reichen.

4 Rinderrouladen à 200 g,
Salz,
frisch gemahlener Pfeffer
Für die Füllung:
150 g Champignons,
2 zerdrückte Knoblauchzehen,
25 g Butter,
1 altbackenes Brötchen,
2 Bündel Petersilie,
3 TL Senf,
50 g geriebener Gouda,
Salz,
frisch gemahlener Pfeffer
Für die Soße:
3 EL Öl,
2 Zwiebeln,
100 g frische Champignons,
3/4 l Wasser,
1 TL Senf,
1 Bund Petersilie

ZUNGE IN ROTWEINSOSSE

1 Zunge (gepökelt),
3-4 l Wasser,
3 EL Suppengrün,
1 EL Pfefferkörner,
1 Zwiebel,
1/2 l Rotwein,
1 Zitrone (Saft),
1/2 TL Zimt, 3 Nelken,
3 EL Rosinen,
3-5 EL Zucker,
2 EL Butter,
2-3 EL Mehl

Die Zunge in das kochende Wasser gleiten lassen und zusammen mit Suppengrün, Pfeffer und Zwiebel 3 bis 5 Stunden sieden lassen. Ist die Zungenspitze weich (mit Spicknadelstich probieren), herausnehmen, die Haut sorgfältig abziehen und das Fleisch mit scharfem Messer in Scheiben schneiden.
Soße: Den Rotwein mit Zitronensaft, Zimt, Nelken, Rosinen und Zucker langsam erwärmen und mit einer Mehlschwitze sämig machen .
Die Zungenscheiben auf eine vorgewärmte Servierplatte legen und mit Rotweinsoße übergießen.

EINFACHER SAUERBRATEN

1 kg Rindfleisch,
1/2 l Buttermilch,
3 EL Essig,
1 Nelke,
2 EL Gewürzkörner,
1 Lorbeerblatt,
2 EL Fett,
1/4 l saure Sahne,
75 g Soßenpfefferkuchen

Den Essig und die Gewürze in die Buttermilch rühren und aufkochen. Die heiße Essigmilch über das Fleisch gießen, 2 Tage darin ziehen lassen, dabei mehrfach wenden. Fleisch danach herausnehmen, gut abtrocknen, kräftig mit Salz einreiben und von allen Seiten schnell anbraten. 1/2 bis 1 Tasse heißes Wasser und die feingeschnittene Zwiebel zufügen und zugedeckt 2 Stunden schmoren lassen. Zum Nachgießen die heißgemachte Buttermilchmarinade benutzen, nach etwa 1 Stunde Schmorzeit den zerbröselten Pfefferkuchen einrühren.

SAUERBRATEN ANDERS

1 kg gut durchwachsenes Rindfleisch,
8 EL Kräuteressig,
1 große Zwiebel,
6 Wacholderbeeren,
2 EL Rosinen,
5 Nelken,
2 Lorbeerblätter,
3 EL Fett (Butter oder Margarine),
2 EL Honig,
1 Scheibe Pumpernickel,
5 Nelken,
2 Lorbeerblätter,
5 Wacholderbeeren,
Butter,
Öl, Pfeffer, Salz

Den Kräuteressig in 1 l Wasser geben und zum Kochen bringen. Das Fleisch zusammen mit der kleingeschnittenen Zwiebel, den Wacholderbeeren, Rosinen, Nelken, Lorbeerblatt, Pfeffer und Salz in eine tiefe Tonschüssel legen und mit dem kochenden Essigwasser übergießen – das Fleisch muß dabei ganz bedeckt sein. Das Ganze mindestens zwei Tage so stehen lassen.
Das Fleisch danach herausnehmen und mit einem Tuch abtupfen. Die Butter samt Honig erhitzen und das Fleisch von allen Seiten darin anbraten. Danach etwas von der Brühe, aus der die Nelken und die Lorbeerblätter herausgenommen wurden, dazugeben und das Ganze einkochen lassen. Anschließend den Rest der Brühe auffüllen und die Scheibe Pumpernickel dazugeben.
Mit geschlossenem Deckel und bei geringer Hitze dünsten, bis das Fleisch gar ist.

TIP: Nelkentest

Um zu erkennen, ob Gewürznelken, die man unter Umständen schon jahrelang im Regal stehen hat, noch Nelkenöl enthalten oder „taub" sind, genügt es, sie in ein Glas Wasser zu werfen, mit dem Finger ein wenig anzustupsen und 1/2 Minute zu warten. Nelken, die sich auf den Boden senken, sind „taub". Nur die schwimmenden haben noch die rechte Würzkraft.

FALSCHER HASE (WIEGEBRATEN)

750 g Hackfleisch halb und halb,
2 Semmeln,
2 Eier,
2 Zwiebeln (kleingehackt),
Pfeffer, Salz,
2 EL Bratfett,
4-5 Zwiebeln (in Ringe geschnitten)

Semmeln in Wasser oder Milch einweichen, ausdrücken und klein zerpflückt mit den aufgeschlagenen Eiern und den kleingehackten Zwiebeln zu dem Gehackten in eine Rührschüssel geben. Alles gut mischen (am besten mit der Gabel) und mit Pfeffer und Salz abschmecken.
Die Masse mit bemehlten Händen wie einen „falschen Hasen" (oder wie einen Brotlaib) formen und bei mittlerer Hitze in offener Pfanne oder Kasserolle von allen Seiten unter öfterem Beschöpfen braunbraten. Dann herausnehmen und im Bratfett weitere 4 bis 5 Zwiebeln (in Ringe geschnitten) scharf anbraten, eventuell 2 bis 3 EL heißes Wasser zugeben.
Der falsche Hase wird (am Tisch oder vorher) in Scheiben geschnitten, auf Kartoffelbrei gelegt und mit den gebratenen Zwiebeln belegt.

TIP

In der gut ausgefetteten und gebröselten Königskuchenform (Kastenform) im Herd backen, danach stürzen und servieren wie oben.
Zum „Falschen Osterhasen" wird das Ganze, wenn man 5 bis 6 hartgekochte und geschälte Eier vor dem Backen zwischen die Fleischmasse legt, nach dem Stürzen abkühlen läßt und als kalten Aufschnitt serviert.

SCHMORBRATEN

1 kg Rindfleisch,
100 g Speck,
1 TL Salz,
1 Lorbeerblatt,
6 Wacholderbeeren,
6 Nelken,
6 Pfefferkörner (grün),
1 Zwiebel,
1 Zitrone (Saft)
oder 1 EL Essig,
3 EL Butter,
1 EL Mehl,
1/4 l saure Sahne

Den Speck in feine lange Streifen schneiden und damit das Fleisch ringsum durchziehen (spicken). 1/4 l Wasser in einer Kasserolle mit Salz, Lorbeerblatt, Nelken (zerdrückt), Pfeffer, der kleingeschnittenen Zwiebel und dem Zitronensaft zum Kochen bringen. Das Fleischstück in das heiße Wasser setzen und fest zugedeckt bei geringer Hitze weichschmoren (2 bis 3 Stunden). Danach herausnehmen, in eisernem Tiegel Butter erhitzen und das Fleisch von allen Seiten schnell braunbraten.
Aus restlichem Schmorjus, Bratenbutter, Mehl und saurer Sahne eine sämig-pikante Soße rühren, die mit passendem Gewürz (z. B. Paprika) abgeschmeckt werden sollte.

Großmutters Kochtip

Wer im „Turmverfahren“ kocht, spart Heizenergie. Gut ineinanderpassende Töpfe sind dafür ebenso geeignet wie die im Handel erhältlichen Turmsets. Das Gericht mit der längsten Garzeit muß unten, das mit der kürzesten oben stehen.
Ab in die „Kochkiste“, lautet das Motto für noch sparsameren Energieeinsatz. Besonders geeignet für Reis, Getreide und Hülsenfrüchte, die nur kurz aufgekocht und in eine gut isolierte „Kochkiste“ gestellt werden (bei Oma tat es manchmal sogar das Federbett!).
Nach 3 bis 4 Stunden ist diese schonendste Garung, die wir kennen, beendet.

Lendenbraten

1 1/2 kg Rindfleisch (Lende),
200 g Speck,
2 EL Salz,
5 EL Butter,
1/4 l süße Sahne

Den Speck stiften, salzen und das Fleisch damit eng spicken oder mit Speckscheiben belegen. Butter in einer Kasserolle erhitzen, das Fleisch hineinsetzen und zugedeckt etwa 2 1/4 Stunden in der Röhre bei geringer Hitze braten.
In der letzten Viertelstunde Bratzeit den Deckel abnehmen und aller 3 Minuten die süße Sahne eßlöffelweise über den Braten geben, damit dieser richtig braun wird und seine Oberfläche wie „lackiert" aussieht.

Pfefferfleisch

500 g Rindfleisch,
40 g Fett,
25g Mehl,
1 mittlere Zwiebel,
1 EL Salz,
frisch gemahlener
schwarzer Pfeffer

Das Fleisch klopfen und in Portionsstücke schneiden. Die Zwiebel schälen, in kleine Würfel schneiden und im Fett glasig dünsten. Danach das Fleisch, Salz, Pfeffer nach Belieben sowie Mehl hinzufügen und mit 3/4 l kochendem Wasser auffüllen.
In einem geschlossenen Topf das Fleisch solange schmoren lassen, bis es weich ist. Zum Schuß alles nochmals gut abschmecken.

RINDFLEISCH MIT WICKELKLÖSSEN

Rinderkochfleisch mit viel Wurzelwerk, Salz, Lorbeerblatt, Pimentkörnern im Schnellkochtopf garkochen. Inzwischen einen weichen Nudelteig herstellen. Einen Tiegel voll geriebene Semmel mit Margarine rösten. Den Nudelteig auf einem bemehlten Brett so groß und dünn wie möglich ausrollen. Die geriebene Semmel darauf verteilen und aufrollen. Die Rolle in 10 bis 12 Zentimeter große Stücke schneiden und diese oben und unten zusammenkneifen. Das Fleisch aus der Brühe nehmen und in Würfel schneiden. Die Brühe durchseihen, in einem großen Topf aufsetzen, mit dem Gemüse zum Kochen bringen. Die Wickelklöße in der Brühe garkochen. Zuletzt das Fleisch und viel Petersilie in die Brühe geben (sie sollte ganz grün aussehen).

1 kg Rindfleisch,
Wurzelwerk, Salz,
1 Lorbeerblatt,
5 Pimentkörner,
geriebene Semmel,
1 EL Margarine,
Gemüse der Saison
(Blumenkohl, Spargel, Pilze)
Für den Nudelteig:
300 g Mehl,
2 EL Milch,
3 Eier,
1/2 TL Salz

Lamm und Hammel

Der Wolle und des Fleisches wegen wurden in der Vergangenheit in Sachsen hunderttausende von Schafen gezüchtet. Schöpsenfleisch war weithin beliebt. Als böhmisches Lehnwort wanderte Schöps (tschechisch skopec) für Hammel erst im 17. Jahrhundert in Sachsen ein. Schäfer in malerischen Trachten, lammende Mutterschafe oder aufmerksame Hütehunde sieht man noch immer dort, wo eine „Hammelherde" die Grasmähmaschine ersetzt, zum Beispiel in den Flußauen von Elster oder Neiße und vor allem auf den Wiesen links und rechts der Elbe.

SCHÖPS MIT GRÜNEN BOHNEN

350 g Hammelfleisch,
1 große Zwiebel,
1 kg grüne Bohnen,
1 Stengel Bohnenkraut,
30 g Mehl,
30 g Fett,
1/2 Tasse Fleischbrühe,
1 EL Salz,
Petersilie

Das Fleisch zusammen mit Salz und der in kleine Würfel geschnittenen Zwiebel in heißem Wasser zum Kochen bringen. Danach die geschnippelten Bohnen und das Bohnenkraut hinzugeben und alles weichkochen lassen. Aus Fett und Mehl eine Mehlschwitze zubereiten, die mit etwas Fleischbrühe glattgerührt wird. Die Mehlschwitze anschließend zu Fleisch und Bohnen geben und weitere 10 Minuten kochen lassen. Danach das Fleisch herausnehmen, in Würfel schneiden und wieder zu den Bohnen geben. Darüber gewiegte Petersilie streuen.

HAMMELKOHL

750 g Hammelfleisch,
1 kg Kartoffeln,
2 Zwiebeln,
1 Weißkrautkopf (etwa 1,5 kg),
1 l Knochen- oder Fleischbrühe,
Salz, Pfeffer

Das Fleisch in Stücke oder Scheiben schneiden. Kartoffeln schälen und in Scheiben schneiden, ebenso die Zwiebeln. Weißkrautblätter abwellen, Strunk entweder entfernen oder kleingeschnitten beifügen. Abwechselnd lagenweise Fleisch und Kartoffeln in einen Schmortopf schichten, unten Zwiebel und Hammelfleisch, oben Krautblätter.
Die Fleischbrühe darübergießen und alles bei mittlerer Hitze etwa 2 Stunden köcheln lassen.

Kurzgebratener Schöps

500 g Hammelfleisch (ohne Knochen), 2 Zitronen (Saft), Pfeffer, 3 EL Öl, Salz

Das Fleisch in dünne Scheiben schneiden, auf beiden Seiten pfeffern und mit dem ausgepreßten Zitronensaft sorgfältig bestreichen bzw. beträufeln.
Die Scheiben in einer Glas- oder Porzellanschüssel (nicht Metall) übereinanderlegen und zugedeckt etwa 1 1/2 Stunden zum Einziehen stehenlassen.
In heißem Öl (das Fleisch eventuell vorher in Mehl wälzen) auf beiden Seiten schnell und knusprig braunbraten oder mit heißem Öl bepinseln und auf dem Backrost (starke Ober- und Unterhitze) grillen.

Hammelbrust mit Sardellen

1 kg Hammelfleisch, 100 g Hammelfett, 125 g Sardellen, 2 Zwiebeln, 2 gelbe Rüben, 4 Knoblauchzehen

Das Fleisch von den Knochen schälen und salzen. Sardellen und Zwiebeln kleinschneiden und über das Fleisch geben. Anschließend das Fleisch zusammenrollen und mit einem Faden umwickeln.
Das Hammelfett erhitzen und das Fleisch darin anbraten. Danach zusammen mit kleingehacktem Knoblauch und den ebenfalls zerkleinerten Rüben etwa 1 1/2 Stunden zugedeckt dünsten lassen.

TIP

Wer Knoblauch in dieser Intensität nicht mag, dem seien als Würzersatz Knoblauchpilze (Mousserons) empfohlen.

KÜMMELFLEISCH VOM SCHÖPS

1 kg Hammelfleisch,
2 große Zwiebeln,
1 EL Kümmel,
2-3 frische würzige Waldpilze (oder 1 EL getrocknete Pilze),
2 EL Mehl,
1/8 l saure Sahne,
1 EL Paprika,
Pfeffer, Salz

In 1/2 l leicht gesalzenes kochendes Wasser das in Stücke geschnittene Fleisch geben. Die Zwiebeln schälen, in Scheiben schneiden und zusammen mit Kümmel und Pilzen zum Fleisch geben. Das Fleisch zugedeckt etwa 1 1/2 Stunden gardünsten. Wenn nötig, mit heißem Wasser auffüllen. Mehl und Sahne verquirlen und an die Soße geben. Alles noch 10 bis 15 Minuten dünsten lassen, mit Pfeffer und Paprika würzen. Das Gericht mit Salzkartoffeln servieren.

HAMMELKOTELETTES MIT FÜLLE

6 Hammelkotelettes,
1 Brötchen,
1 Ei,
1 EL geriebener Käse,
1 EL Minzeblätter (feingewiegt),
Hammelfett,
1 EL Ingwerpulver,
Salz

Das Brötchen in Milch einweichen, zerdrücken und zusammen mit Käse, Ei und Minze eine Fülle herstellen. Von den Kotelettes das Fett abschneiden, dieses feinhacken und in einer Pfanne ausbraten. Die Kotelettes mit Salz und Ingwer würzen und im Fett auf jeder Seite (je 3 bis 4 Minuten) scharf anbraten. Aus der Pfanne nehmen und alle sechs nebeneinander auf den Backofengrill legen. Die Fülle auf die Kotelettes streichen, mit dem Bratenfett beträufeln und im vorgeheizten Backofen 5 bis 6 Minuten mit Oberhitze überbacken.

Hammelkeule mit Knoblauch

1 Hammelkeule,
75 g Anchovis,
12 Knoblauchzehen,
2 EL Öl,
frisch gehackte Küchenkräuter (1 EL Thymian, 1 EL Majoran, 1 EL Basilikum),
Pfeffer, Salz

Von der Hammelkeule überflüssiges Fett abschneiden, danach mit einem Messer kleine Kreuze einschneiden und die vorher gewässerten und aufgerollten Anchovis hineinstecken.
Die Knoblauchzehen schälen, halbieren und in die Keule (24 kleine Einschnitte) stecken. In einer Pfanne 1 EL Öl erhitzen und das Fleisch darin ringsum anbraten und mit Pfeffer und Salz würzen. Die Keule mit dem restlichen Öl bepinseln, auf den Bratrost legen und in den vorgeheizten Backofen schieben. In die Auffangpfanne 1/2 Tasse heißes Wasser geben.
Das Fleisch 20 Minuten bei 200° C und danach 90 Minuten bei 180° C braten lassen und dabei öfters mit dem Bratensatz aus der Pfanne begießen.
Vor dem Servieren mit den Kräutern bestreuen, noch wenige Minuten im heißen Ofen stehen lassen, dann herausnehmen.

Wer ist der Zukünftige?

Wenn ein junges Mädchen wissen will, ob sie bald heiratet, so muß sie sich nur zu Heiligabend allein zum Schafstall schleichen und dort dreimal klopfen. Blökt ein Widder, so steht die Heirat mit einem reichen Mann bevor. Blökt ein alter Hammel, so wird der Zukünftige alt sein, blökt ein junger Hammel, so ist der Bräutigam ein junger Mann. Meckert jedoch ein Lämmchen, so wird sie ewig ledig bleiben.

Alter Aberglaube

GEBACKENES LAMMFLEISCH

1 kg Lammfleisch,
3 Zwiebeln,
1 Wurzelwerk,
10 Pfefferkörner,
1 Ei,
2 EL Tomatenmark,
2 TL geriebener Käse (Parmesan),
30 g Semmelbrösel,
50 g Mehl,
1 Ei,
1 EL Tomatenmark,
2 TL geriebener Käse,
2 EL Hammelfett,
2 EL gewiegte Petersilie,
5 gewiegte Minzeblätter,
Salz, Pfeffer

Das Fleisch mit den Zwiebeln, dem Wurzelwerk und einigen Pfefferkörnern weichkochen lassen. Danach das Fleisch herausnehmen, von den Knochen lösen und in Scheiben schneiden.
Das Ei mit Tomatenmark und Salz gut verquirlen.
Die Semmelbrösel mit etwas geriebenem Käse mischen.
Das Fleisch nun zuerst in Mehl, dann im Tomatenmark und zuletzt in den Semmelbröseln mit Käse wenden und anschließend in heißem Hammelfett backen.
Zum Schluß das Fleisch mit gewiegter Petersilie und Minzeblättern bestreuen.

Großmutters Schöpsentips

Ob Schöpsenfleisch von einem jungen oder alten Tier stammt, kann man an der Farbe des Fettes erkennen: gelblich und weich ist es bei alten Tieren, weiß und fest bei Jungtieren.
Bei Lammkotelettes sollte man den Fettrand aller 2 Zentimeter einschneiden, damit sich das Fleisch in der Pfanne nicht unschön verformt.
Hammel und Lamm schmecken delikat, wenn sie im eigenen Fett gebraten und danach sofort heiß auf vorgewärmten Tellern serviert werden.

Lammrücken

Den Knoblauch schälen, zerdrücken und mit Thymian und 2 EL Sonnenblumenöl vermischen. Diese Mischung über die Fleischstücke verteilen und 4 Stunden einziehen lassen. Anschließend das Fleisch salzen und pfeffern. Den Rest des Öls in einer Pfanne bei 180° C im Backofen erhitzen, das Fleisch in die Pfanne legen und von jeder Seite etwa 5 Minuten braten. Danach das Öl abgießen, Butter in die Pfanne geben und weitere 5 Minuten garen lassen. Das Fleisch herausnehmen und warm stellen.
Die Tomaten brühen, häuten und kleinschneiden. Die Pilze waschen und kleinschneiden, die Zwiebeln schälen und kleinhacken.
Tomaten, Pilze und Zwiebeln anschließend in die Pfanne geben, das Bier dazugießen und 10 Minuten köcheln lassen. Mit Salz und Pfeffer abschmecken.
Die Lammrückenstücke anrichten und die Soße darübergießen.

4 Lammrückenstücke,
4 Knoblauchzehen,
1 EL Thymian,
8 EL Sonnenblumenöl,
150 g Waldpilze,
50 g Butter,
2 Zwiebeln,
2 Tomaten,
1/4 l helles Bier,
Pfeffer, Salz

Geflügel

„Dürre Spinatwachtel", „dumme Gans" oder „aufgeblasener Gockel" gehören zu den schönsten Schimpfwörtern aus der sächsischen Hühnerhofperspektive. Diesen Geflügeljargon kennt jeder – die Küchengarzeiten des Federviehs dagegen sind weniger geläufig:

Suppenhuhn (gekocht)
3 Stunden

Junge Ente
45 bis 60 Minuten

Junges Huhn
45 bis 60 Minuten

Pute
2 1/2 bis 3 Stunden

Truthahn
3 bis 4 Stunden

Gans
2 bis 3 Stunden

Taube
20 bis 30 Minuten

Rebhuhn
30 Minuten

Wachtel
12 bis 15 Minuten

GEFÜLLTE ENTE

1 Ente (ausgenommen),
350 g säuerliche Äpfel,
1 l Wasser,
1 Strauß Beifuß,
1 EL Salz

Die Ente innen und außen gut mit Salz einreiben. Die Äpfel waschen und vierteln (nicht entkernen). Kleine, möglichst saure Äpfel (sächsisch „Griebsche") können auch im Ganzen verwendet werden. Den Beifuß aufbrühen. Die Ente mit den Apfelstückchen und dem Beifuß füllen, zunähen und an den Keulen zusammenbinden. Danach in eine Pfanne legen und mit 1/2 l heißem Wasser übergießen. Bei mittlerer Hitze in der Backröhre zugedeckt unter öfterem Begießen und Zugießen des restlichen Wassers (es muß heiß am Herd stehen) etwa 1 1/2 bis 2 Stunden braten lassen.
Nach etwa zwei Dritteln der Backzeit Fett abschöpfen, die letzte Viertelstunde Deckel abnehmen und Hitze erhöhen, damit die Ente knusprig braun wird.
Ente tranchieren, die mit Fett vollgesogenen Äpfel auf der Servierplatte mit zu Tisch bringen.

TIP

Wer diese Ente bei nur 80° C in der Röhre 3 bis 4 Stunden vor sich hin braten läßt, kann ein Wunder an Zartheit und Geschmack des Fleisches erleben, vorausgesetzt, daß die Ente ihre Lebenszeit mehr auf dem Wasser als im Stall verbrachte.

Gefülltes Brathuhn

Das Huhn innen und außen mit Salz abreiben. Aus Grieß, Ei, Milch, Butter, den feingeschnittenen Innereien (Herz, Magen, Leber) und Küchenkräutern eine Masse herstellen und mit dieser das Huhn füllen, dann mit einer Spicknadel zuheften bzw. zunähen. Speck in Scheiben schneiden und unter das Huhn in die Bratpfanne legen. Zugedeckt 45 bis 60 Minuten bei mittlerer Hitze braten, eventuell heißes Wasser zugießen. Letzte Viertelstunde Deckel abnehmen und das Huhn knusprig braun braten. Huhn tranchieren, die Fülle in Scheiben schneiden und auf der Servierplatte garnieren.

1 Huhn (ausgenommen, mit Innereien),
50 g Grieß,
1 Ei,
3 EL Milch,
2 EL Butter,
3 EL frische Gartenkräuter (Liebstöckel, Majoran, Petersilie),
50 g Speck,
Salz

Hühnerfrikassee in Dillsosse

Das Huhn (kein Suppenhuhn) zusammen mit der frischen Petersilie in Salzwasser weichkochen.
Aus Butter und Mehl ein Schwitze bereiten, diese mit 2 bis 3 Kellen heißer Hühnerbrühe auffüllen, gut durchrühren und durchkochen lassen. Das weichgekochte Huhn tranchieren, Knochen entfernen und das Fleisch in kleine Stücke schneiden. Anschließend Sahne und Dill in die Soße geben, die Fleischstücke einlegen und nochmals heiß werden lassen (nicht kochen). Mit Petersilie bestreuen. Das Gericht mit Reis und Salat servieren.

1 Huhn (jung),
2-3 Stengel Petersilie,
1 EL Salz,
50 g Butter,
40 g Mehl,
1/8 l saure Sahne,
2 EL frischer Dill,
Salz

GEFÜLLTE PUTE

1 Pute (ausgenommen),
2 EL Salz,
100 g Speck
Für die Fülle:
2 EL Butter,
1 Zwiebel,
1 Tasse Brühe,
100 g Semmelmehl,
350 g Kalbfleisch,
150 g fettes Schweinefleisch,
150 g Geflügelleber,
15g Zucker,
3 Eier,
1/4 l süße Sahne,
6 EL Rosinen,
6 EL süße Mandeln (kleingehackt),
50 g feinwürzige Pilze (Champignons, Trüffel),
Pfeffer, Salz,
5 EL Bratfett (Butter oder Margarine)

Die Pute (Truthenne) innen und außen sorgfältig mit Salz einreiben. Den Speck in Stifte schneiden und die Pute damit an Brust und Keulen spicken.
Fülle: In zerlassener Butter die kleingeschnittene Zwiebel anbräunen, die Brühe zugeben und zum Kochen bringen, dann nach und nach das Semmelmehl einrühren. Die Masse in eine große Tonschüssel legen. Kalb- und Schweinefleisch durch den Fleischwolf drehen (nicht pürieren), die Leber kleinschneiden. Mit der Semmelmasse und allen übrigen Zutaten (Eier, Zucker, Sahne, Rosinen, Mandeln, Pilze) sorgfältig vermischen, nach Bedarf pfeffern und salzen.
Die Pute mit der Masse füllen, danach zunähen oder zusammenstecken. In die Bratpfanne legen, mit stark erhitztem Bratfett (1/2 Tasse) übergießen und sofort in den vorgeheizten Backofen schieben.
Unter öfterem Begießen (alle 10 bis 15 Minuten) die Pute je nach Größe 2 bis 3 Stunden braten.

Variante: Den Speck auflegen oder die Pute damit umwickeln – es kann dadurch kein Fleischsaft austreten, was beim Spicken möglicherweise passiert.
Tip: Vor dem Braten die Sehnen an den Keulen ziehen (Kneifzange).

GEFLÜGELLEBER MIT APFEL

In einer Pfanne die Hälfte des Öls erhitzen und die vorher in Mehl gewendete Leber von beiden Seiten darin braten. Erst danach salzen. Die Zwiebel schälen und in Ringe schneiden. Den Apfel entkernen und in Scheiben schneiden. Beides in einer zweiten Pfanne mit dem restlichen Öl goldgelb braten und anschließend zur Leber geben.
Auf Kartoffelbrei, der mit etwas Muskat gewürzt sein kann, servieren.

400 g Geflügelleber,
1 mittelgroßer Apfel,
1 Zwiebel,
4 EL Öl,
Mehl,
Salz

GEFÜLLTE GÄNSEBRUST

Die Innenseite der Gänsebrust mit Salz einreiben und mit Senf bestreichen.
Für die Fülle die Kalbsleber in kleine Würfel schneiden, die Zwiebel schälen und ebenfalls in kleine Würfel schneiden. Beides in Butter anbraten.
Die Semmel einweichen, ausdrücken und beifügen. Anschließend pfeffern, salzen und zusammen mit der Petersilie alles zu einem geschmeidigen Teig verarbeiten. Die Füllung auf eine Hälfte der Gänsebrust legen, die andere Hälfte darüberschlagen und danach fest zunähen. Bei mittlerer Hitze etwa 60 Minuten braunbraten.

1 Gänsebrust,
Senf,
Pfeffer, Salz
<u>Für die Fülle:</u>
150 g Kalbsleber,
1 kleine Zwiebel,
1 Semmel,
Butter,
feingehackte Petersilie,
Pfeffer, Salz

Kaninchen, Wild und Wildgeflügel

Wald, Wild, Waidwerk: In den ausgedehnten Wäldern Sachsens tummelt sich Rot-, Reh- und Schwarzwild, das seit über 1000 Jahren gehegt, gepflegt und bejagt wird. Da die natürlichen Feinde des Wildes, Bär und Wolf, schon Anfang des 17. Jahrhunderts ausgerottet waren, unterstützt das traditionelle Hege- und Waidhandwerk das natürliche Gleichgewicht im Wald.

Sächsische Wildgaststätten bieten Vorzügliches, wenn sich Gastwirt, Revierförster und Dorfbäcker einig sind – Wild aus dem Backofen! Und vorzüglich zum Wildgericht: Preiselbeeren und Waldpilze – am besten selbstgesammelt.

Vogtländischer Kaninchentopf

2 kg Kaninchenfleisch,
100 g Speck,
3 EL Butter,
3 mittlere Zwiebeln,
1 Möhre,
1 Stange Porree,
1/4 Sellerieknolle,
2 EL Mehl,
1/2 l Schwarzbier,
1 EL Essig,
1/4 Soßenpfefferkuchen,
1 EL Zucker,
Pfeffer, Salz

Das Kaninchenfleisch in Portionsstücke (etwa 100 g) schneiden, mit Pfeffer und Salz einreiben und mit gewürfeltem Speck und 1 EL Butter von allen Seiten anbraten. Anschließend das Fleisch herausnehmen. Möhren, Porree und Sellerie in Streifen schneiden, die Zwiebeln kleinhacken und alles zusammen im selben Bratfett anrösten. Danach das Fleisch wieder hinzugeben und mit 1/2 Tasse heißem Wasser ablöschen. Zugedeckt bei mittlerer Hitze etwa 1 1/2 bis 2 Stunden dünsten. Zucker und die restliche Butter bräunen lassen und Mehl hinzugeben. Diese Mehlschwitze nach und nach mit dem Bier auffüllen und mit Essig, Pfeffer und Salz gut abschmecken und erst in der Mitte der Garzeit über das Fleisch-Gemüse gießen.
Die Soße mit Soßenpfefferkuchen binden und mit viel feingewiegter Petersilie bestreuen. Das Gericht mit Klößen servieren.

TIP

Die Kaninchenstücke beim Wenden nicht mit der Gabel einstechen, weil dadurch der Fleischsaft austritt und das Portionsstück trocken wird. Dies betrifft alle Braten unabhängig von Größe oder Fleischsorte. Am besten benutzt man einen oder zwei stumpfe Bratenwender.

Rehkeule

Die Keule klopfen (wenn nötig waschen, abtrocknen und häuten), mit Salz einreiben und mit 3/4 des gestiftelten Specks reihenweise spicken. In einer Kasserolle die Butter zergehen lassen und den restlichen, kleingeschnittenen Speck hinzufügen.
Das Fleisch mit geriebenem Schwarzbrot bestreuen, mit dem stark erhitzten Öl übergießen und in der Kasserolle anbraten, nach 10 Minuten die saure Sahne darübergießen. Bei mittlerer Hitze 1 1/2 bis 2 Stunden braten. Alle 10 bis 15 Minuten das Fleisch mit dem Bratensaft begießen.
Die Soße zum Schluß mit Brühpulver und in Wasser verrührtem Mehl sämig werden lassen.

1 Rehkeule (etwa 2 kg),
2 EL Salz,
250 g Speck,
1 EL geriebenes Schwarzbrot,
3 EL Öl,
50 g Butter,
1/2-1 l saure Milch (oder Sahne),
10 g Brühpulver,
1 EL Mehl

Hase in Specklinsen

Das Fleisch in kleinere Stücke schneiden. Zwiebeln und Speck in kleine Würfel schneiden und darin das Fleisch anbraten. Danach alles mit Mehl bestäuben. Inzwischen die Linsen ohne Salz weichkochen, anschließend zum Fleisch geben und alles fertiggaren lassen. Mit Pfeffer, Salz, Senf und Tomatenketchup gut abschmecken und zum Schluß mit reichlich feingewiegter Petersilie bestreuen.
Das Gericht mit Reis oder Kartoffelpüree servieren.

1 kg Hasenfleisch,
250 g Linsen,
100 g Speck,
3 Zwiebeln, Senf,
1 EL Brühpulver,
Tomatenketchup,
3 EL Petersilie,
Pfeffer, Salz

DEFTIGER HASENPFEFFER

2 mittelgroße Kaninchen oder 1 großer Feldhase,
100 g magere Speckwürfel,
Gänsefett,
1 Dose Champignons (1. Wahl),
Hasenleber,
Mehl,
3 kleine Zwiebeln,
Butter,
Hasenblut (wenn gewünscht),
Für die Marinade:
ausreichend herber Rotwein,
1 große Zwiebel,
2 zerdrückte Knoblauchzehen,
1 Lorbeerblatt,
2 Nelken,
5 Wacholderbeeren,
1 gehäufter TL Salz,
Pfeffer,
6 EL milder Essig,
je 1 Messerspitze Petersilie, Thymian, Rosmarin

Zuerst bereitet man die Marinade aus ausreichend herbem Rotwein, einer großen Zwiebel in Scheiben, 2 zerdrückten Knoblauchzehen, 1 Lorbeerblatt, 2 Nelken, 5 Wacholderbeeren, 1 gehäuften Teelöffel Salz, etwas Pfeffer, 1/2 Weinglas Essig und den Kräutern. Die Hasen darin mindestens 12 Stunden und bis zu 2 Tagen einlegen (sie müssen von der Flüssigkeit bedeckt sein).
Wenn der Hase frisch geschlachtet ist, hält man das Blut zurück und schlägt es mit etwas Essig mit dem Schneebesen leicht schaumig, um die Gerinnung zu vermeiden. Steht kein frisches Blut zur Verfügung, kann man auch welches beim Fleischer erhalten.
Die Hasen aus der Marinade nehmen, gut abtrocknen, in Portionsstücke teilen und Leber und Herz entnehmen. Zum Braten einen großen Eisenbräter nehmen. Hasenstücke im Gänsefett auf starkem Feuer kräftig anbraten, einige magere Speckstreifchen und die kleinen Zwiebeln zugeben, Mehl überstreuen und mit anbräunen. Dann die Marinade (ohne Kräuter) über die Hasenstücke geben. Eventuell Rotwein nachfüllen, damit die Hasenstücke bedeckt sind. Die Champignons zufügen. Mit Deckel im Backofen bei schwacher Hitze etwa 3 Stunden schmoren. Soße mit etwas Mehl andicken.
Vor Bratende das Herz und die ganz fein gehackte, durch ein Sieb gestrichene und mit Butter vermischte Leber in den Bräter geben. Hasenblut erst zum Schluß zugeben, umrühren und nicht mehr kochen lassen!

Rehgulasch

1 kg Reh
(Schulter oder Keule),
1 EL Öl,
100 g Speck,
1 große Zwiebel
(oder zwei Schalotten),
1 Tasse Brühe,
1/8 l ungesüßte
Schlagsahne,
4 EL Preiselbeeren
<u>Für die Beize:</u>
1 Tasse Wasser,
1 TL Wacholderbeeren,
1 TL Pfefferkörner,
3 Nelken,
1 feingeschnittene Zwiebel,
1 Lorbeerblatt,
1/2 l kräftiger Rotwein,
1 Stengel Basilikum,
1 Stengel Thymian
(frisch oder getrocknet)

Wacholderbeeren, Pfeffer, Nelken, Zwiebel und Lorbeer in wenig Wasser (1 Tasse) 15 Minuten lang kochen.
Nach Abkühlung des Suds den Rotwein zugießen, Basilikum und Thymian einlegen und das in Gulaschstücke geschnittene Fleisch in dieser Beize mehrfach wenden. Zugedeckt 5 bis 6 Stunden kühl stellen (am besten schon am Vortag einlegen).
Vor der Zubereitung alles über ein Sieb schütten (Rotweinsud wird weiter verwendet) und die Gewürzkörner und -stengel von den Fleischstücken entfernen.
Öl in einer Pfanne erhitzen, gewürfelten Speck und kleingeschnittene Zwiebel etwa 2 Minuten glasig dünsten, dann die Gulaschstücke zufügen und von allen Seiten anbraten lassen. Den durchgetropften Rotweinsud mit der Brühe erwärmen und als Beiguß verwenden. Zugedeckt bei mittlerer Hitze 1 bis 1 1/2 Stunde weichdünsten.
Aus dem Bratenjus eine dunkle Soße herstellen. Mit Klößen und Apfelrotkraut servieren, Gulasch in Servierschüssel oder auf vorgewärmten Tellern mit saurer Sahne und Preiselbeeren garnieren (für Selbstherstellung: in Zuckerwasser bißfest dünsten, dann abtropfen und abkühlen).
Beilagenvariante: Anstelle von Preiselbeeren ausgekernte Kornelkirschen verwenden, die ebenfalls in Zuckerwasser weichgedünstet werden.

WILDSCHWEINBRATEN

2 kg Wildschwein (Keule),
60 g Bratfett,
1/4 l Rotwein,
2 Zwiebeln,
1-2 EL Mehl,
3 EL Johannisbeergelee,
Pfeffer, Salz

Das Fleisch abspülen, trocknen und mit Pfeffer und Salz einreiben. In heißem Fett von allen Seiten kurz anbraten und mit heißem Wasser und der Hälfte des Rotweins auffüllen. Unter häufigem Begießen das Fleisch garen. In den letzten 15 Minuten die vorher grob zerkleinerte Zwiebel mitdünsten. Die Soße kann nach Belieben mit etwas Mehl gebunden werden.
Zuletzt den restlichen Rotwein und das Johannisbeergelee in die Soße rühren, nochmals erhitzen und mit Pfeffer und Salz abschmecken.

GEFÜLLTE TAUBEN

4 junge Tauben (ausgenommen),
1 EL Salz (feines),
3 EL Butterschmalz
<u>Für die Füllung:</u>
1 Semmel,
die Innereien (oder 50-100 g Geflügelleber),
40 g Fett, 8 EL saure Sahne,
1/2 EL Kartoffelmehl,
1 Ei, Salz,
3 EL gewiegte Petersilie

Die Tauben außen und innen gut mit Salz einreiben.
Füllung: Die Semmel zerschneiden, in Milch einweichen und ausdrücken. Innereien (Herz, Magen, Leber, falls nicht vorhanden 50 g Geflügelleber nehmen) und Petersilie feinwiegen. Zerlassenes Fett in einer Knetschüssel schaumig rühren, mit den Innereien, der Semmel und allen übrigen Zutaten vermischen und mit Salz abschmecken.
Die Tauben mit dieser Masse füllen, zunähen, mit dem stark erhitzten Butterschmalz übergießen und unter öfterem Beschöpfen etwa 35 bis 50 Minuten in der Röhre braten lassen.

Gebratene Rebhühner

4 Rebhühner,
4 große Speckplatten
(dünn geschnitten),
2 EL Butter,
1/8 l saure Sahne,
Pfeffer, Salz

Die Rebhühner rupfen und ausnehmen.
Mit wenig Pfeffer außen, mit Salz innen einreiben.
Um jedes Huhn eine großen Scheibe gesalzenen Speck wickeln und mit einem Faden zusammenbinden.
Die Butter in einer Pfanne erhitzen, die Hühner hineingeben und im vorgeheizten Backofen zugedeckt etwa 20 Minuten unter mehrfachem Begießen schmoren lassen. Dann die Pfanne aus dem Ofen ziehen, die Speckscheiben von den Rebhühnen lösen (in der Pfanne lassen), danach die Hühner in der offenen Pfanne auf beiden Seiten braunbraten, saure Sahne zugeben und die Hühner bis zum Ende der Bratzeit (insgesamt etwa 45 Minuten) damit noch mehrmals begießen.

Variante: Eine typische Rebhuhnfüllung aus der altsächsischen Küche lautet: pro Huhn etwa 200 g Butter, 1 TL Salz, 1/2 TL Pfeffer, 1 TL Thymian (gestoßen), 2 Lorbeerblätter (gestoßen), alles fein vermischt und das Huhn damit füllen.

Auch Fasan läßt sich so zubereiten.

Fisch

Mit der Verbesserung der Wasserqualität von Sachsens Flüssen steigt die Chance, daß ein „einheimischer" Fisch – der Elblachs – zurückkehrt, den es seit Ende des 19. Jahrhunderts nicht mehr gegeben hat.
Die ersten Setzlinge sind im klaren Wasser des Elbsandsteingebirges ausgesetzt worden und haben sich offensichtlich auf den Weg gemacht.
Kehren sie – Lachse müssen wandern – 1999 zurück, ist das Experiment gelungen und die Sachsen haben ihren wertvollsten Speisefisch wieder.
Inzwischen haben sie mit Karpfen und Forelle vorlieb genommen.

Karpfen blau

1 Karpfen
(frisch geschlachtet und ausgenommen),
1 Tasse Wasser,
1 Tasse Essig (mild),
2-3 l Wasser,
3 EL Salz,
1 Möhre,
1/2 Sellerie,
3 EL gehackte Petersilie,
1 Zwiebel,

Unmittelbar vor der Zubereitung den Karpfen (Schleimhaut darf nicht verletzt sein) „bläuen": 1 Tasse Wasser mit dem Essig mischen, in einem Töpfchen erhitzen und das heiße Essigwasser sorgfältig über den Karpfen gießen (vom Kopf bis zur Schwanzflosse). Den Fisch in das warme Salzwasser (kalt angesetzt mit allen genannten Würzzutaten) setzen (am besten in eine Fischpfanne), zum Sieden bringen, dann bei geringer Hitze höchstens 15 Minuten ziehen lassen. Sobald sich die Bauchflossen herausziehen lassen – was man mit einer Gabel probieren kann –, ist das Fischfleisch gut.
Mit Salzkartoffeln und zerlassener Butter (als Soße) servieren, mit Meerrettich und Zitronenscheiben garnieren.

Karpfen in Schmalz gebacken

1 Karpfen,
etwas Mehl,
Butterschmalz,
Petersilie,
Zitronensaft

Den Karpfen schuppen, entlang der Rückengräte aufschneiden, innen säubern und salzen. Karpfen in Mehl wenden und in Butterschmalz auf beiden Seiten knusprig goldgelb braten. Petersilie ebenfalls in Butterschmalz backen. Den Karpfen mit dem Schaumlöffel herausheben, mit der Petersilie bestreuen und heiß, nur mit Zitronensaft, ohne Beilagen, essen. Die „alten Sachsen" aßen den Schmalzkarpfen mit dem Löffel

Bierkarpfen

Den Karpfen waschen, Schleim und Schuppen abschaben, Kopf (einschließlich Kiemen) und alle Flossen abschneiden (können für Fischsuppe verwendet werden), längs in etwa gleichgroße Stücke spalten. Diese von allen Seiten mit feinem Salz bestreuen, in eine Pfanne legen und das Bier darübergießen. Butter, Schalotten, frisch gemahlenen Pfeffer, Salz und das klein zerbröselte Gerstenbrot in die Pfanne geben. Etwa 15 bis 20 Minuten bei geringer Hitze zugedeckt dünsten (nicht kochen). Mit ofenfrischem rundem Schwarzbrot servieren, mit dem die Biersoße aufgetunkt werden kann.

1 Karpfen
(frisch geschlachtet und ausgenommen),
1 TL Salz,
1 Flasche Bier (Pils),
50 g Butter,
Schalotten,
Pfeffer, Salz,
2 Scheiben Gersten- (oder Schwarz)brot

Gegrillte Schleie

Die frisch geschlachteten und ausgenommenen Fische an der Schwanzflosse anfassen und ganz kurz in kochendes Wasser halten, damit sie leichter zu schuppen sind. Nach dem Abschuppen innen und außen waschen, mit einem Tuch gut abtupfen und mit Salz einreiben. Je ein kleines Butterstückchen mit einem Strauß Küchenkraut in die Bauchhöhle geben. Fische von außen gut mit Öl bepinseln und auf dem Grillrost braten. Vor dem Verzehr Kräuter entfernen.
Mit „Butterbemme" oder Salzkartoffeln und zerlassener Butter servieren.

2 Schleien (ausgenommen),
1-2 TL Salz,
2 EL Öl,
frische Küchenkräuter
(2 Sträuße aus Majoran, Basilikum, Petersilie, Dill),
1 EL Butter

„Sächsische Forellen"

8 grüne Heringe,
Zitronensaft, Salz,
3 EL Essig, 4 Pfefferkörner,
1 Lorbeerblatt
Für die Soße:
Schnittlauch, Basilikum,
Petersilie, Dill,
60 g Butter, 1 EL Mehl,
3/8 l Fisch- oder Fleischbrühe, Salz, Zitronensaft,
1 Eigelb, 1/8 l Sahne

Die vorbereiteten Heringe mit Zitronensaft beträufeln und salzen, an Kopf und Schwanz zusammenbinden und zum Bläuen mit reichlich siedendem Essigwasser übergießen. Die Gewürze hinzufügen, alles zum Kochen bringen und 5 Minuten ziehen lassen. Gehackte Kräuter in Butter anschwitzen, mit Mehl bestäuben, mit Brühe auffüllen, kurz kochen lassen, würzen und das mit Sahne verquirlte Eigelb zufügen.

Fischfilet unter Kräuter-Käse-Kruste

600 g feines Fischfilet,
200 g Gemüsefenchel,
150 g Möhren,
100 Bleichsellerie,
2 Eier,
150 g geriebener Emmentaler,
60 g gemischte Kräuter,
80 g Öl, Zitrone, Salz,
Pfeffer, evtl. Weißwein,
300 g Langkornreis,
1 l Brühe

Fischfilet abspülen, trockentupfen und mit Zitrone marinieren. Das feingeschnittene Gemüse in einer beschichteten Pfanne kurz andünsten, würzen und in eine Auflaufform geben. Obenauf das gewürzte Fischfilet legen. Aus den gehackten Kräutern, dem geriebenen Käse und den Eiern eine Mischung herstellen und das Fischfilet damit abdecken. Die Form im vorgeheizten Ofen (Backröhre) etwa 20 Minuten garen. Den Fisch dann in dieser Auflaufform servieren oder portionieren. Als Garnitur verwendet man Zitrone und Dillzweige.
Als Beilage eignet sich Risotto oder Butterreis. Dazu reicht man einen Frischkostsalat der Jahreszeit.

FORELLE IN APFELSOSSE

Die Forellen im Ganzen in erwärmtes Salzwasser (mit Essig versetzt) geben, zum Sieden bringen und dann 10 bis 15 Minuten ziehen lassen. Danach herausnehmen, abtropfen lassen und in der heißen Apfelsoße - die gleichzeitg fertig sein sollte - zu Tisch bringen.
Während die Fische ziehen, die Soße bereiten: Äpfel schälen, entkernen und in ganz kleine Stückchen schneiden. Anschließend die Apfelstückchen in dem Weißwein mit etwas Zucker und Zimt weichdünsten (etwa 10 Minuten) und danach durch ein Sieb reiben. Die entstandene Apfelsoße mit abgeriebener Zitronenschale und Muskat würzen, die Butter darunterrühren und nochmals erhitzen. Die Soße über die Forellen geben. Mit Salzkartoffeln (bestreut mit Dill oder Petersilie) servieren.

2 Forellen,
4 TL Essig,
1 l Salzwasser,
4 Äpfel,
1/4 l lieblicher Weißwein,
1 EL Zucker,
1/2 TL Zimt,
1 Zitrone (Schale),
1 Prise Muskat
(frisch gerieben),
Butter,
Muskat,
Salz

BÜCKLINGE MIT RÜHREI

Die enthäuteten und entgräteten Bücklinge filetieren und in Butter leicht anbraten. Eier, Milch und feingeschnittenen Schnittlauch verquirlen, salzen und nach dem Wenden der Fischstücke die Rühreimasse darübergießen. Zum schnelleren Stocken 2 Minuten einen Deckel auf die Bratpfanne setzen.
Mit Bratkartoffeln oder Kartoffelsalat servieren

4 Bücklinge,
1 EL Butter,
4 Eier,
2 EL Milch,
2 EL frischer Schnittlauch,
Salz

FISCHKARTOFFELPUFFER

500 g Fischfilet (roh),
2 Zwiebeln,
500 g Kartoffeln (roh),
5 EL Bratfett,
5 EL gewiegte frische Küchenkräuter,
Salz

Das Fischfilet zusammen mit den geschälten Zwiebeln durch den Fleischwolf drehen. Die Kartoffeln schälen, reiben und mit dem Fisch gut vermischen, danach die gewiegten Küchenkräuter (Liebstöckel, Petersilie, Basilikum u.a.) untermengen und alles mit Pfeffer und Salz abschmecken.

In einer Pfanne von der Masse dünne Puffer von beiden Seiten knusprig braun backen.

Mit Schwarzbrot und warmem Apfelmus servieren.

GEBRATENER KABELJAU

1 1/2 kg Kabeljau (Filet),
1/2 l Weißwein,
4 EL Essig,
1 Zwiebel,
1 Lorbeerblatt,
1 EL Gewürzkörner (Wacholderbeeren, Pfefferkörner),
100 g Speck,
1 Zitrone (Saft),
2 EL Butter,
saure Sahne

Die Kabeljaufilets in einer Marinade aus Weißwein, Essig, Zwiebel, Lorbeerblatt und zerdrückten Gewürzkörnern etwa 4 Stunden ziehen lassen. Herausnehmen, mit gesalzenem Speck spicken, mit Zitronensaft beträufeln und in heißer Butter braten. Für die Soße die saure Sahne mit dem Durchguß der Marinade mischen und erhitzen. Zu diesem Gericht Salzkartoffeln mit Blumenkohl servieren.

Heringe in Senftunke

Die Heringe wässern, entgräten, in Stücke schneiden und in eine Schüssel legen. Sahne, Senf, Kapern, Tomatenmark, Öl, etwas Zucker nach Belieben, Pfeffer und Salz gut vermischen und über die Heringe gießen. Einige Stunden zugedeckt durchziehen lassen. Mit Pellkartoffeln und kleingeschnittenen Senfgurken servieren.

4 Matjesheringe,
1/2 l saure Sahne,
4 TL Senf,
2 TL gewiegte Kapern,
2 EL Tomatenmark,
50 g Senfgurken,
2 EL Öl, 1/2 TL Zucker,
Pfeffer, Salz

Marinierte Heringe

Die Heringe ausnehmen, gründlich waschen und 8 Stunden wässern. Die Milch mit der sauren Sahne verrühren, dünne Apfelscheiben, Zwiebelringe, Gurkenstifte, Lorbeerblätter und 8 Gewürzkörner zufügen, mit Essig und Zucker abschmecken, Öl zufügen. Die Heringe in die Marinade geben und im Kühlschrank zugedeckt durchziehen lassen. Mit Petersilienkartoffeln auftragen.

8 Salzheringe,
1/2 l Milch,
1/4 l saure Sahne,
1 Apfel,
3 Zwiebeln,
3 saure Gurken,
4 Lorbeerblätter,
Piment- oder Pfefferkörner,
Essig, Zucker, Öl

Gebratene Heringe

Die Heringe schuppen, Kopf und Flossen abschneiden, innen und außen abwaschen, mit Salz einreiben, in einer Schüssel 1 Stunde zugedeckt stehenlassen.
Das Fett erhitzen und die in Mehl gewälzten Heringe goldbraun braten. Mit Pellkartoffeln und zerlassener Butter servieren.

4 grüne Heringe
(ausgenommen),
1 EL Salz,
2 EL Mehl,
2 EL Butter oder Margarine

Gemüsegerichte

Leipziger Markthalle
um 1900
Sellerie und frische
Butter, Sauerkraut und
andres Futter, Pfeffer-
kraut und Thymian,
Gänse, Enten, Huhn und
Hahn ...
Auch Kartoffeln, dicke
Trauben, Bauerneier,
Käse, Tauben.
Und Marunken, Birnen,
Rosen, Äpfel, Nüsse,
Aprikosen.
Schoten, Spinat und
Tomaten, Blumenkohl
und Sonntagsbraten.
Staudensalat, grüne Boh-
nen, Karpfen, Krebse und
Melonen, Rosenkohl und
Quark und Pflaumen –
Hochgenüsse für den
Gaumen.
Alles so, wie ich's be-
schrieben – kunterbunt
„wie Kraut und Rüben"!

Porree-Auflauf

8 mittlere Kartoffeln,
5 Stangen Porree,
1 EL Butter,
Soßenbinder,
Schnittkäse,
Pfeffer, Salz

Die Kartoffeln schälen und in kleine Würfel schneiden. Den Porree waschen, in Scheiben schneiden und zusammen mit den Kartoffelwürfeln, etwas Salz und Pfeffer garkochen. Mit etwas Soßenbinder andicken, Butter dazugeben und voll mit Schnittkäse abdecken. Im Backofen bei mittlerer Hitze überbacken, bis der Käse geschmolzen ist.

„Pilzbohnen"

500 g gekochte grüne Bohnen,
1 kleine Zwiebel,
1-2 EL Margarine,
Pfeffer, Salz, frisches oder getrocknetes Bohnenkraut

Die geschnippelten Bohnen mit der feingeschnittenen Zwiebel in Margarine knusprig braten (wie Pilze), würzen und zuletzt mit frischem Bohnenkraut abschmecken.

Tomaten-Auflauf

1 kg Pellkartoffeln,
6 Eier,
500 g Tomaten,
1/2 l saure Sahne,
2 EL Semmelbrösel,
Butter,
Pfeffer, Salz

Die Kartoffeln pellen und in Scheiben schneiden. Die hartgekochten Eier und die Tomaten ebenfalls in Scheiben schneiden. Anschließend schichtweise Kartoffeln, Tomaten und Eier in eine gut gefettete feuerfeste Form geben. Jede Schicht leicht salzen und pfeffern.
Die Sahne mit etwas Salz und Pfeffer verquirlen und darübergießen. Mit Semmelbröseln bestreuen, Butterflöckchen aufsetzen und bei mittlerer Hitze im Backofen etwa 30 Minuten überbacken.

KÄSETOMATEN

Von den Tomaten oben einen Deckel abschneiden, anschließend die Tomaten aushöhlen und innen mit Salz und Pfeffer würzen.
Den Käse, die Eier, etwas Paprika und den gehackten Schnittlauch verquirlen und damit die Tomaten füllen.
Die Deckel wieder auflegen.
Die gefüllten Tomaten in eine gut gefettete Auflaufform setzen und im Backofen bei mittlerer Hitze garen. Mit Bratkartoffeln oder auch Spaghetti servieren.

8 größere Tomaten,
6 EL geriebenen Käse,
2 Eier,
Paprika,
Schnittlauch,
Pfeffer, Salz

ÜBERBACKENER BLUMENKOHL

Den Blumenkohl von Außenblättern und Strünken befreien und 15 Minuten in kaltes Wasser legen. Die Blumenkohlköpfe vierteln, bei schwacher Hitze bißfest dünsten und anschließend in eine Kasserolle legen. Muskatnuß darüber reiben, mit einer Prise Salz würzen und die vorher gut verquirlten Eier vorsichtig darüberlaufen lassen.
Im vorgeheizten Backofen nur wenige Minuten gerinnen lassen, herausnehmen und auf vorgewärmten Tellern anrichten. Die Liebstöckelblätter feinhacken und den Blumenkohl damit garnieren.
Mit Salzkartoffeln und brauner Butter servieren.

2 große Blumenkohlköpfe,
4 Eier,
2 EL Butter,
1/2 Muskatnuß,
5 Blätter Liebstöckel,
1 Prise Salz

Schnelle Gemüsepfanne

4 kleine Zucchini,
2 Tomaten,
1 kleine grüne Gurke,
1 kleine Zwiebel,
350 g Gehacktes,
Margarine,
Pfeffer, Salz

Die Zucchini schälen, in kleine Stücke schneiden und mit der ebenfalls kleingeschnittenen Zwiebel in Margarine anbraten. Anschließend die Gurke schälen, in kleine Stücke schneiden. Tomaten kleinschneiden und mit den Gurkenstückchen zu den Zucchini geben.
Hin und wieder umrühren, bis alles sämig wird. Mit Pfeffer und Salz abschmecken. Das Hackfleisch braten und unter das Gemüse geben. Dazu Salzkartoffeln servieren.

Schwarzwurzel-Auflauf

500 g Schwarzwurzel,
375 g Semmelbrösel,
1/4 l Milch,
Zitronensaft,
Butter,
Salz

Die Schwarzwurzeln putzen, in Stücke scheiden und in wenig Salzwasser weichkochen. Die Semmelbrösel mit 1 Tasse Schwarzwurzelbrühe und der Milch verrühren und aufquellen lassen. In eine gut gefettete Form eine Lage Semmelbrösel, dann eine Lage Schwarzwurzeln, die mit etwas Zitronensaft beträufelt wird, geben und Butterflöckchen aufsetzen. Zuletzt wieder eine Lage Semmelbrösel. Das Ganze im Ofen backen lassen.
Das Gericht muß saftig sein; wenn nötig, etwas mehr Milch nehmen.

Leipziger Allerlei

250 g Spargel,
250 g Möhren,
250 g junge Erbsen,
250 g Kohlrabi,
250 g Blumenkohl,
250 g Morcheln,
einige Krebsschwänze,
2 Eigelb,
Butter,
etwas Fleischbrühe,
Salz

Die verschiedenen Gemüsearten getrennt voneinander garen: Spargel, Kohlrabi und Blumenkohl in leicht gesalzenem Wasser, Möhren in Fleischbrühe, Erbsen in wenig Wasser mit Butter. Die Morcheln gründlich putzen, waschen, in kaltem Wasser ansetzen und heiß werden lassen. Anschließend nochmals in kaltem Wasser waschen und dann garkochen.
Alle Gemüse aus dem Sud nehmen und in einer Schüssel anrichten. Die Krebsschwänze in Salzwasser mit etwas Essig garkochen und in der Gemüseschüssel verteilen. Die Butter zergehen lassen, mit etwas Gemüsebrühe auffüllen, mit dem vorher verquirlten Eigelb binden und über das Gemüse gießen. Das Gemüse mit den Morcheln garnieren und mit Semmelklößchen servieren. Ebenso schmackhaft ist das Gericht, wenn die Krebsschwänze und Semmelklößchen entfallen und anstelle der Morcheln Champignons verwendet werden.

Sommeressen

2 Gurken,
Pfeffer, Salz, Dill,
saure Sahne, 1 Prise Zucker,
12 Kartoffeln,
4-8 Eier,
1 EL Margarine

Gurken schälen, hobeln und mit den Gewürzen und der sauren Sahne einen Gurkensalat anrichten.
Dazu Salzkartoffeln und für jede Person 1 bis 2 Spiegeleier servieren.

Überbackener Lauch

4 dicke Stangen Lauch oder Porree,
8 Scheiben gekochter Schinken,
50 g geriebener Käse,
2 EL Butter,
2 EL Mehl,
2 EL saure Sahne,
Muskat,
Salz

Den Lauch gründlich waschen, quer durchschneiden und in wenig Salzwasser etwa 12 Minuten garen. Danach abtropfen lassen und die Brühe aufheben. Jede Lauchstange nun mit einer Scheibe Schinken umwickeln und in eine gefettete Auflaufform geben. Butter und Mehl vermischen, mit 1/4 l Brühe auffüllen und durchkochen lassen. Die Soße mit Muskat abschmecken und anschließend Sahne und geriebenen Käse hinzugeben. Die Soße über die Lauchstangen gießen und bei mittlerer Hitze knappe 20 Minuten überbacken.

Gebackener Kohlrabi

4 Kohlrabi,
200 g Mehl,
2 Eier,
1/4 l Milch,
2 EL geriebener Käse,
Muskat,
Salz

Mehl, Eier, Milch, Käse und Muskat gut zu einem dickflüssigen Teig verrühren und etwa 30 Minuten stehen lassen.
Die Kohlrabi schälen, in gleichmäßig dicke Scheiben schneiden und in leicht gesalzenem Wasser etwa 12 Minuten garkochen. Die Kohlrabischeiben in den Teig tauchen und in Fett goldgelb backen.

TIP

Das Reiben von Käse wird erleichtert, wenn man das Reibeisen vorher einfettet bzw. einölt.

SCHNEEBERGER KARTOFFELGETZEN

Die rohen Kartoffeln schälen und in eine Rührschüssel reiben. Die austretende Flüssigkeit nur leicht abgießen, nicht auspressen. Die feingehackte Zwiebel, Kümmel, Pfeffer, Salz und die Buttermilch gut in die Kartoffelmasse einrühren. Den Speck in kleine Würfel schneiden, in einer Pfanne glasig auslassen und anschließend in die Masse geben.
Alles in eine gut gefettete Getzenpfanne (oder eine entsprechend hohe Kasserolle) geben und darüber das in Streifen geschnittene Rauchfleisch verteilen. Im vorgeheizten Backofen bei mittlerer Hitze etwa 45 Minuten backen.
Der Getzen wird in der eisernen Pfanne zu Tisch gebracht und, in viereckige Stücke geschnitten, serviert.

1 1/2 kg Kartoffeln,
1/2 l Buttermilch,
2 Zwiebeln,
100 g Speck,
50 g Rauchfleisch,
2 TL Kümmel,
1/2 TL Pfeffer,
1 TL Salz

ZITTAUER KARTOFFELPUFFER

Die Kartoffeln schälen und reiben. Zwiebeln kleinhacken, die Petersilie feinwiegen und zu der Kartoffelmasse geben. Anschließend das Hackfleisch und das Ei dazugeben und gut verrühren. Kartoffelmehl dazugeben, bis die Masse cremig ist, und mit Majoran und Salz abschmecken. Portionsweise in Öl goldgelb backen.

1 kg Kartoffeln,
400 g Gehacktes,
1 Ei,
2 Zwiebeln,
1 Bund Petersilie,
Kartoffelmehl,
Öl, Majoran, Salz

KLITZSCHER

1 1/2 kg Kartoffeln,
Salz,
2 Eier,
1 EL Mehl,
Bratfett

(Erzgebirgische Kartoffelpuffer)
Die Kartoffeln schälen, reiben und mit Salz, Eiern und Mehl verrühren. Fett im Tiegel erhitzen, etwas Teig in das heiße Fett geben, breitdrücken und auf beiden Seiten goldbraun braten. Mit Zucker bestreuen und mit Kompott auftragen.
Variante: Dem Teig eine geriebene Zwiebel zusetzen. Frischen Salat dazu reichen.
Besonders würzig schmecken die Kartoffelpuffer, wenn sie in frischem Leinöl gebraten werden. Küche gut lüften und am besten nur zubereiten, wenn die Nachbarn verreist sind. Riecht unangenehm, aber schmeckt köstlich.

PELLKARTOFFELN UND QUARK

1 kg Kartoffeln,
500 g Quark,
1 Zwiebel,
Leinöl,
Kräuter,
Kümmel,
Salz

Die Kartoffeln gut waschen und mit der Schale in Kümmelwasser garkochen. Danach abgießen, etwas dämpfen lassen und pellen.
Zwiebel und Kräuter feinhacken, an den Quark geben und mit Salz abschmecken. Kartoffeln und Quark auf Tellern anrichten und über den Quark etwas Leinöl gießen. Frischen Gurkensalat dazu servieren.

KARTOFFEL-AUFLAUF

1 1/2 kg Kartoffeln,
50 g Butter,
1 Möhre,
4 Tomaten,
2 EL gehackte Zwiebeln,
2 EL gehackter Schnittlauch,
2 EL geriebener Käse

Kartoffeln schälen und in Wasser garkochen, anschliessend durch die Kartoffelpresse drücken. Den Brei mit der geriebenen Möhre und dem gehackten Schnittlauch verrühren. Anschließend den Kartoffelbrei in eine gut gefettete Auflaufform geben und mit einem Löffel Vertiefungen eindrücken. Die Tomaten überbrühen, häuten, halbieren und danach in die Vertiefungen setzen. Geriebenen Käse und gehackte Zwiebeln darüberstreuen. Zum Schluß Butterflöckchen aufsetzen.
Im vorgeheizten Backofen bei 200°C etwa 25 Minuten backen lassen.

LEINEWEBER

125g Mehl,
1/4 l Milch,
4 Eier,
600 g Pellkartoffeln,
Margarine,
Petersilie,
Muskat,
Pfeffer, Salz

Mehl, Milch und Eier gut verrühren und mit Muskat, Pfeffer und Salz abschmecken. Die Kartoffeln pellen und in Scheiben schneiden. In einer Pfanne Margarine erhitzen und eine Portion Kartoffelscheiben anbraten. Von der Teigmasse ein Viertel darübergießen. Nun diese Seite 5 Minuten braten, die andere 3 Minuten. Die Zutaten reichen für vier Leineweber.
Vor dem Anrichten mit Petersilie bestreuen. Das Gericht mit Salat servieren.

BROKKOLI MIT MANDELBUTTER

1 1/4 kg Brokkoli
Salz, etwas Zucker,
100 g Butter,
75 g Mandelblättchen

Den Brokkoli putzen, waschen und in Salzwasser mit etwas Zucker 5 bis 6 Minuten garen, abtropfen lassen. Die Butter in einer Pfanne hellgolden werden lassen. Die Mandelblättchen darin schwenken und mit der Butter über den Brokkoli gießen.

„GRÜNE KNÖPFE"

500 g Spinat,
1 große Zwiebel,
1 EL Butter,
500 g Mehl,
2 Eier,
je 1 EL Petersilie,
Schnittlauch,
Schmalz,
Fleischbrühe

Den Spinat mit einer großen Zwiebel ganz fein hacken und in Butter 5 Minuten dämpfen.
Nach dem Auskühlen Spinat, das Mehl, die Eier, die Petersilie, Schnittlauch und das Schmalz gut verkneten. 1 Stunde ruhen lassen!
Mit nassen Händen eigroße Klöße oder „Knöpfe" formen und in sehr heißer Fleischbrühe etwa 10 Minuten ziehen lassen.
Grüne Knöpfe passen zu Bratenfleisch, Rindfleisch und Bratwurst. Gut dazu schmeckt auch eine Meerrettichsoße.

TIP

Geriebener Meerrettich sollte nie (auch nicht zur Herstellung einer Meerrettichsoße) gekocht werden. Über 80° C erhitzt, verliert er sowohl Schärfe als auch Geschmack.

Rotkohl, sehr fein (Beilage)

Den geputzten Rotkohl in feine Scheiben schneiden oder hobeln. Die geschälten, entkernten Äpfel grob stifteln und mit dem Rotkohl, dem Zitronensaft, 6 EL Essig, Salz und 2 EL Zucker mischen und zugedeckt im Kühlschrank 24 Stunden ziehen lassen.
Am nächsten Tag geschälte Zwiebeln in feine Streifen schneiden. Butter zergehen lassen und 1 EL Zucker leicht darin karamelisieren, mit 2 EL Essig ablöschen und die Zwiebelstreifen darin andünsten.
Marinierten Rotkohl, Johannisbeergelee, Zimt, Spätburgunder Rotwein dazugeben und im geschlossenen Topf im Backofen (175°C E-Herd / Gas Stufe 2) 1 1/2 Stunden garen.
Vor dem Servieren Zimtstangen entfernen.

1 kg frischer Rotkohl,
3–4 kleine Äpfel (250 g)
1/2 Zitrone,
8 EL Rotweinessig,
1 Prise Salz,
3 EL Zucker,
150 g Zwiebeln,
50 g Butter,
2 EL schwarzes Johannisbeergelee,
1-2 Zimtstangen,
1/4 l kräftiger Spätburgunder Rotwein

Apfelrotkraut, gewöhnlich (Beilage)

Das Rotkraut hobeln. Mit dem Wasser bei geringer Hitze „zusammenfallen" lassen. Essig, Zucker, Nelken und Salz zugeben und etwa 45 Minuten schmoren lassen.
Danach die in Spalten geschnittenen Äpfel zufügen und weitere 30 bis 40 Minuten bei geringer Hitze garen.

1 1/2 kg Rotkraut,
1 Tasse Wasser,
5 EL Essig,
5 EL Zucker,
2 Nelken,
1 EL Salz,
2–3 Äpfel (250-300 g)

Klösse und Knödel

Sachsens Kloßfamilie ist eine kaum überschaubare Großfamilie. Säßen nur die Kartoffelklöße komplett am Tisch, brauchte man mindestens zwei Dutzend Stühle (für die Semmel- und Hefeklöße nochmals ein Dutzend), um sie alle (Servietten- oder Wickelklöße, Rohe, Grüne, Halbseidene, Vogtländische, Halb-und-Halbe, Gekochte, Zitternde und wie sie sonst noch heißen) zu versammeln.
Der erzgebirgische „Heimatdichter" Arthur Schramm aus Annaberg definierte kurz und bündig: „Griene Kließ un' Schwammebrüh –
Oh, Arzgebirg, wie bist Du schie!"

VOGTLÄNDISCHE GRÜNE KLÖSSE

13 große Kartoffeln,
2 Tassen Milch,
Semmelwürfel,
Salz

Etwa 10 Kartoffeln in eine Schüssel mit kaltem Wasser reiben und 2 Stunden stehen lassen. Das Wasser dabei hin und wieder durch frisches ersetzen. Danach die Kartoffelmasse sehr trocken ausdrücken. Die restlichen 3 Kartoffeln kochen, reiben und mit der kochenden Milch verrühren. Diesen Brei kochendheiß über die Kartoffelmasse schütten. Mit nassen Händen Klöße formen und in jeden eine Vertiefung drücken. Die Semmelwürfel rösten und jeweils einige in die Vertiefungen drücken. Die Klöße schön rund formen, sofort in kochendes Salzwasser geben und 20 Minuten langsam ziehen lassen. Die Klöße sofort servieren, da sie sonst hart werden. Sie passen sehr gut zu Sauerbraten mit viel Soße!

GEKOCHTE KLÖSSE

1 kg Kartoffeln (gekocht),
1/4 l saure Sahne,
5 Eier,
5 EL Mehl,
100 g Semmelwürfel,
2 EL Butter,
1 TL Salz,
1 Prise Muskatnuß

Kalte Pellkartoffeln schälen und reiben. Sahne, Eier, Mehl, in kleine Würfel geschnittene und in Butter geröstete Semmeln, Salz und Muskatnuß gut miteinander verrühren, bis sich der Teig vom Schüsselrand ablöst. Runde Klöße formen (zur Erleichterung eventuell die Handflächen bemehlen), in kochendes Salzwasser legen und etwa 15 Minuten ziehen lassen.
Zu Sauerbraten oder Roulade servieren.

Kartoffelklösse halb und halb

Die Hälfte der Kartoffeln als Pellkartoffeln kochen, abpellen, noch heiß durchpressen und abkühlen lassen. Die restlichen Kartoffeln schälen, reiben, in ein Tuch geben und gut auspressen. DIe gekochte und die rohe Kartoffelmasse miteinander vermengen. Mehl, Eier und Salz zugeben und alles zu einem Teig verkneten. Aus dem Teig mit bemehlten Händen Klöße formen, mit gerösteten Semmelwürfeln füllen, in kochendes Salzwasser legen und etwa 20 Minuten garziehen lassen.

1/2 kg Kartoffeln,
125 g Mehl,
2 Eier,
Salz,
50 g Weißbrot,
Margarine

Gefüllte Klösse

Die am Vortag mit der Schale gekochten und abgepellten Kartoffeln reiben oder durch den Fleischwolf drehen, mit Mehl und Eiern verkneten, salzen und pfeffern. Den Schinken in kleine Würfel schneiden und mit dem Gehackten vermischen. Den Kartoffelteig in acht Portionen teilen. Jede Teigportion flachdrücken und je 1/8 der Fleischmasse darauflegen. Den Kartoffelteig über der Füllung zusammendrücken. Runde Klöße formen und in leicht kochendes Salzwasser geben.
15 bis 20 Minuten garziehen lassen. Die Klöße mit dem Schaumlöffel herausnehmen, abtropfen lassen und in eine Schüssel geben.

1 kg gekochte Kartoffeln,
100 g Mehl,
2 Eier,
Salz, Pfeffer,
125 g gekochter Schinken,
250 g Gehacktes

Wickelklösse

1 kg Kartoffeln,
1/8 l Milch,
3 Eier,
250 g Mehl,
Salz,
65 g Margarine,
125 g Semmelbrösel,
Eiweiß

Kartoffeln kochen, pellen und reiben. Mit Milch, Eiern, Mehl und Salz zu einem festem Teig verarbeiten, danach ausrollen. Den Teig mit zerlassenem Fett bestreichen, mit Semmelbröseln bestreuen, zusammenrollen und in fingerlange Stücke schneiden. Ränder festdrücken, mit Eiweiß bestreichen. Klöße in Salzwasser 12 Minuten kochen. Mit Fleisch auftragen oder mit brauner Butter zu Kompott reichen!

Griessklösse

3/4 l Milch,
75 g Margarine,
Salz,
Muskat,
300 g Weizengrieß,
1 Ei,
150 g Zwiebeln

Milch, Margarine, Salz und Muskat zum Kochen bringen. Grieß einrieseln lassen und so lange unter ständigem Rühren kochen, bis sich die Masse vom Topfboden löst. Den Topf vom Herd nehmen, das zerquirlte Ei unterrühren. Nun Wasser mit Salz zum Kochen bringen. Mit dem Eßlöffel von der Kloßmasse längliche Klöße abstechen und diese 10 Minuten langsam garen lassen. Nebenher die gewürfelten Zwiebeln in der Butterpfanne goldgelb anbraten und die abgetropften Klöße darin wenden. Als Beilage servieren.

Semmelknödel

Die halbierten und in dünne Scheiben geschnittenen Brötchen in der Milch einweichen. Die Eier und das Eigelb dazugeben und mit dem gesiebten Mehl binden. Die Margarine zerlassen, unter die Masse rühren und mit Muskat würzen. Knödelmasse ruhen lassen.
Nach 1 1/2 Stunden Knödel formen und in Salzwasser im offenen Topf 20 Minuten garziehen lassen.

5 Brötchen,
1/4 l Milch,
2 Eier,
1 Eigelb,
200 g Mehl,
80 g Margarine,
Muskat,
Salz

Semmelkloss

Das Weißbrot ohne Rinde kleinschneiden und in der heißen Milch einweichen. Die in kleine Stücke geschnittene Rinde in der Margarine anbraten.
Unter die etwas abgekühlte Weißbrotmasse Eier, das mit dem Backpulver gesiebte Mehl, Brotrindenbröckchen und Gewürze mengen. Eine gebrühte Serviette mit dem Teig belegen, zusammenbinden, in siedendes Salzwasser hängen und 1 Stunde leise kochen lassen.

450 g Weißbrot,
reichlich 1/2 l Milch,
50 g Margarine,
3 Eier,
375 g Mehl,
1/2 Päckchen Backpulver,
Salz,
Muskat

SPECKKLÖSSE

1 kg Kartoffeln (roh),
100 g Speck,
1 TL Bratfett,
1 Zwiebel,
2 EL geriebene Semmel,
50 g Semmelwürfel,
2 EL Mehl,
1 EL Salz,
4 Eier,
5 EL Paniermehl

Kartoffeln schälen und in eine Knetschüssel reiben (austretende Flüssigkeit abgießen). Speck würflig schneiden und im Bratfett hellgelb anbraten, die feingehackte Zwiebel, das Semmelmehl und die Semmelwürfel zufügen, rösten und nach leichtem Abkühlen in die Kartoffelmasse geben. Mehl, Salz und Eier zufügen und alles gut vermischt zu großen, runden Klößen formen. Die Klöße in Paniermehl rollen, in reichlich kochendes Salzwasser legen und 10 bis 15 Minuten sieden lassen.

HALBSEIDENE KLÖSSE („ZITTERKLÖSS")

400 g Kartoffelmehl,
1/2 l Milch,
1 Ei,
5 gekochte Kartoffeln,
Salz,
30 g Margarine,
50 g Weißbrot

Das mit kochender Milch gebrühte Kartoffelmehl, Ei, geriebene Kartoffeln und Salz zu einer Masse verarbeiten. Klöße formen und mit den in heißer Margarine gerösteten Semmelwürfelchen füllen. In leise siedendem Salzwasser – je nach Größe – 10 bis 15 Minuten ziehen lassen.

Klösse und Knödel

Dresdner Schwammklösse

Milch oder Fleischbrühe mit der Butter verrühren und mit den Gewürzen aufkochen. Mehl einschütten und rühren, bis sich die Masse vom Topf löst. Danach den Topf vom Herd nehmen, zuerst ein Ei zufügen und glattrühren, danach das zweite. Von dieser Brandteigmasse mit dem Teelöffel kleine Klößchen abstechen und in Salzwasser garziehen lassen. Als Suppeneinlage verwenden.

1/8 l Milch oder
Fleischbrühe,
80 g Butter,
Salz,
etwas Muskat,
80 g Mehl,
2 Eier

Meerrettichklösse

Aus geriebenen Kartoffeln, Meerrettich, Eiern, Salz, Mehl, Kartoffelmehl und 2-3 EL Wasser einen Kloßteig bereiten. Die Weißbrotwürfel in heißer Margarine rösten und damit die aus dem Teig geformten Klöße füllen. Diese in Mehl wälzen, 8 Minuten in leise siedendem Wasser kochen und 10 Minuten ziehen lassen. Die Klöße schmecken sehr gut zu Fischgerichten.

1 kg gekochte Kartoffeln,
4 EL geriebener
Meerrettich,
2 Eier,
Salz,
50 g Mehl,
50 g Kartoffelmehl,
50 g Weißbrot,
25 g Margarine

Klar wie Kloßbrühe? Der neueste Aberglaube
Wer am Silvesterabend Klöße kocht, der kann die richtigen Lottozahlen erfahren. Sie glauben es nicht? Formen Sie 49 Klößchen und stecken Sie in jeden einen Zettel mit einer Zahl von 1-49. Die ersten hintereinander hochsteigenden Klößchen sind ***Ihr Tip!***

JÄGERKLÖSSE

1 1/2 kg Kartoffeln,
250 g Stärkemehl,
Salz, Pfeffer,
1/4 l Milch,
150 g Pilze,
1 Zwiebel,
Petersilie

Kartoffeln mit der Schale kochen, abpellen und noch heiß durch ein Sieb pressen. Mit dem Stärkemehl vermengen und etwas Salz und Pfeffer zugeben. Nach und nach heiße Milch unterrühren. Abgetropfte feingehackte Pilze, geriebene Zwiebel, gehackte Petersilie unter den Teig kneten.
Klöße formen, in leicht kochendes Salzwasser legen, 20 Minuten garziehen lassen.
Abgetropft in eine Schüssel geben.

QUARKKLÖSSE

1/4 l Milch,
50 g Butter,
Salz,
150 g Grieß,
2 gehäufte EL Zucker,
4 Eier,
250 g Magerquark
<u>Zum Dämpfen</u>:
1/4 l Milch,
100 g Zucker,
80 g Butter
Puderzucker zum Bestreuen

Milch, Butter und eine Prise Salz zum Kochen bringen. Grieß einstreuen und so lange unter Rühren kochen, bis sich die Masse vom Topfboden löst. Den Topf vom Herd nehmen, Zucker und 1 Ei unter den Teig mischen und abkühlen lassen. Nun die restlichen Eier und den durch ein Sieb gestrichenen Quark mit dem Teig verrühren.
Milch, Zucker und Butter in eine feuerfeste Form geben und aufkochen lassen. Aus dem Teig Klöße formen und nebeneinander in die Form legen. Mit Puderzucker überstreuen.
Im vorgeheizten Ofen bei Mittelhitze 30 Minuten überbacken. Sind die Klöße schön goldbraun, nochmals mit Puderzucker bestäuben. Sofort servieren. Dazu Kompott reichen.

Klösse und Knödel

Hefeklösse

Die zerbröckelte Hefe in der lauwarmen Milch verrühren, in eine Vertiefung des gesiebten Mehles gießen und mit Eiern, Zucker, zerlassener Butter, Salz und der abgeriebenen Zitronenschale zu einem Teig verarbeiten. Mindestens 1 Stunde warm gestellt gehen lassen, nochmals gut kneten, zu Klößen formen und gehen lassen, bis sich die Oberfläche geglättet hat. In siedendem Wasser 10 Minuten kochen lassen. Die Klöße dabei einmal wenden und prüfen, ob sie gar sind. Nach dem Herausnehmen sofort aufreißen, damit sie nicht zusammenfallen. Hefeklöße können auch auf einem Tuch über siedendem Wasser, mit einer entsprechend großen Schüssel abgedeckt, dämpfen. Auch der Dampfentsafter eignet sich zum Garen von Hefeklößen.

30 g Hefe,
1/4 l Milch,
500 g Mehl,
2 Eier,
50 g Zucker,
50 g Butter oder Margarine,
Salz,
1/2 Zitrone (Schale)

Süsse Kartoffelklösse

Zur schaumig geschlagenen Margarine nach und nach Eier, Zucker, Salz, Mehl und geriebene Kartoffeln geben. Aus der Masse Klöße formen, nach Belieben mit Zwiebackbröckchen füllen und in leise siedendem Salzwasser etwa 10 Minuten kochen.
Die Klöße mit gebräunter Butter und gerösteten Semmelbröseln anrichten. Zu süßer Soße und Kompott auftragen.

125 g Margarine,
4 Eier,
40 g Zucker,
Salz,
2-3 EL Mehl,
400 g gekochte Kartoffeln,
Butter,
Semmelbrösel

SALATE

Auf der klassischen Speisekarte finden sich Salate bei den Vorspeisen. Nicht so in der regionalen Hausküche. Frische, knackige Salate ißt man heute zwar auch als Vitaminspender zum Hauptgericht, aber ansonsten tummeln sich Salate aller Art im gesamten Menü: als kleine Appetitshappen, originelle Beilagen zum Fleisch, als pikante Mini-Mahlzeit, gehaltvolles Hauptgericht oder traditionelle Festspeise – Rapünzchen am Gründonnerstag und Heringssalat zu Silvester …

ZWIEBELSALAT

2 große Zwiebeln,
je eine Handvoll Petersilie,
Dill und Basilikum,
Essig, Öl,
etwas Zucker

Die Zwiebeln schälen und in sehr kleine Würfel schneiden. Anschließend in Essigwasser mit einer Prise Zucker ganz kurz brühen. Danach die Zwiebeln in ein Sieb geben und abtropfen lassen. Petersilie, Dill und Basilikum feinwiegen und mit den Zwiebeln und etwas Öl gut vermischen.

BUNTER SALAT MIT SPINAT

100 g Spinat,
1 Zwiebel,
2 Tomaten,
5 Radieschen,
4 Eier,
1 Bund Basilikum,
1 Bund Dill,
2 EL Weinessig,
2 EL Öl,
Pfeffer, Salz

Den Spinat verlesen, gut waschen und trockentupfen. Die Zwiebel schälen und kleinhacken. Tomaten und Radieschen ebenfalls kleinschneiden. Spinat, Tomaten und Radieschen nun gut mischen. Die Eier hartkochen, schälen, kleinschneiden und unter den Salat geben. Basilikum, Dill, Essig, Öl, Pfeffer und Salz mischen und über den auf Salattellern angerichteten Salat geben.

TIP

Eier mit angestoßener Schale können hartgekocht werden, wenn man sie in Alufolie wickelt und wie gewohnt kocht.

Vogtländischer Geflügelsalat

Das Fleisch, den Bierschinken und den Sellerie in feine Streifen schneiden. Den Apfel entkernen, in kleine Stücke schneiden und mit der Fleischmasse gut verrühren.
Mayonnaise, saure Sahne, Zitronensaft, Schnittlauch, Senf und Zucker zu einer Soße verrühren und über das Fleisch geben.
Alles gut verrühren und 30 Minuten ziehen lassen.
Die Eier hartkochen, schälen und in Vierteln über den Salat geben.

200 g Geflügelfleisch,
125 g Bierschinken,
100 g Sellerie,
1 Apfel,
2 Eier,
2 EL Mayonnaise,
2 EL saure Sahne,
2 EL Zitronensaft,
2 EL Schnittlauch,
1 EL Senf,
1/2 TL Zucker

Kressesalat

Die Kresse verlesen und gut waschen. Essig, Öl, Wasser, Pfeffer und Salz vermischen und unter die Kresse geben. Der Salat sollte sofort serviert werden.

200 g Kresse,
2 EL Essig,
2 EL Wasser,
2 EL Öl,
1 TL Pfeffer,
1 TL Salz

SELLERIESALAT

<u>Für den Salat:</u>
750 g Sellerie
(etwa 2 Knollen),
2 EL Essig,
2 EL Zucker,
1/2 EL Salz
<u>Für die Soße</u>:
1/4 l Joghurt,
2 EL süße Sahne,
1 TL Senf,
2 EL Sonnenblumenöl,
Pfeffer, Salz

Den Sellerie dünn schälen und danach in Achtel schneiden. Die Sellerieteile nochmals in Scheiben schneiden. 1/2 l Wasser mit 1 EL Essig und Salz zum Kochen bringen und die Selleriestückchen darin weichkochen. Kurz bevor der Sellerie weich ist, 1 EL Essig und den Zucker hinzugeben. Wichtig ist, daß der Sellerie zu Anfang nicht mit Zucker und nur der Hälfte Essig gekocht wird, weil er sonst zäh wird.
Den Sellerie abtropfen lassen und kalt servieren.
Für die Soße alle Zutaten mischen und über den Sellerie geben.

KÄSESALAT MIT RADIESCHEN

250 g Käse,
1 Bund Radieschen,
1 kleine Zwiebel,
Zucker,
Essig, Öl

Den Käse in kleine Würfel schneiden. Die Zwiebel schälen und kleinhacken. Die Radieschen in Scheiben schneiden. Käse, Zwiebel und Radieschen mischen und mit Essig, Öl und etwas Zucker abschmecken.

TIP

Bei den meisten Salatzubereitungen sollte man Essig und Öl nicht zu gleichen Teilen, sondern im Verhältnis 1 : 2 verwenden.

Rote-Rüben-Salat

Die Roten Rüben sehr sauber bürsten und anschließend mit der Schale in Salzwasser weichkochen. Danach aus dem Wasser nehmen, schälen und in Scheiben schneiden. Die Zwiebel schälen und in Ringe schneiden.
Diese nun zusammen mit dem Essig, einer Messerspitze Zucker, Kümmel und Pfeffer in eine Schüssel geben, dann die Roten Rüben darauflegen und zuletzt alles mit dem Kochwasser übergießen. Vor dem Servieren den Salat abgießen und mit etwas Öl beträufeln.

500 g Rote Rüben,
1 Zwiebel,
1/2 TL Kümmel,
Essig, Öl,
Pfeffer, Salz

Lausitzer Flöz (pikanter Heringssalat)

Die Salzheringsfilets in Gabelstücke schneiden, in einen flachen Keramiktopf abwechselnd mit den Gewürzzutaten und den Zwiebelringen schichten und jeweils mit einer Schicht Senf – mittelscharf – abdecken.
Auf den ersten „Lausitzer Flöz" weitere Schichten aufbringen.
Nach der letzten Lage mit reichlich Lausitzer Leinöl übergießen, bis alles abgetaucht ist. Den Heringssalat 48 Stunden ziehen lassen und danach vorzugsweise mit Schwarz- bzw. Körnerbrot servieren.

Salzheringsfilets,
Zwiebelringe,
Pfefferkörner,
Gewürzkörner,
Lorbeerblätter,
Senf (mittelscharf),
Lausitzer Leinöl

Warmer Kartoffelsalat

1 kg Kartoffeln,
500 g Äpfel,
1 große Zwiebel,
2 saure oder Gewürzgurken,
3 EL Essig,
3 EL Gänsefett,
Salz, Pfeffer,
etwas Zucker,
1 Tasse Selleriewasser,
Schnittlauch,
Petersilie

Die Kartoffeln weichdämpfen, dann schälen. Die Äpfel ebenfalls schälen, entkernen und in kleine Würfel schneiden. Die Zwiebel feinhacken, die Gurken kleinschneiden. Nun den Essig und das Gänsefett zusammen mit Salz, Pfeffer und etwas Zucker heiß machen, aber nicht kochen. Die Apfel-, Zwiebel- und Gurkenstückchen daruntermengen, die gekochten Kartoffeln möglichst heiß schneiden und alles mit einer Holzgabel untermengen. Ist der Kartoffelsalat zu trocken, noch ein wenig kochendheißes Selleriewasser dazugeben.
Mit Schnittlauch oder gewiegter Petersilie anrichten.

Feiner Heringssalat

2 Salzheringe,
50 g kalter Braten oder harte Wurst,
2 Äpfel,
1 Gurke,
3 hartgekochte Eier,
400 g Pellkartoffeln,
1 Zwiebel,
Essig, Wasser, Zucker,
1/8 l saure Sahne

Die gewässerten Salzheringe, Braten, Äpfel, Gurke, Eier und Kartoffeln salatgemäß zerkleinern und locker vermengen. Die Zwiebel darüberreiben, mit einer aus Essig und Wasser gekochten Marinade und Zucker würzen. Alles durchziehen lassen, die saure Sahne unterheben und den Salat appetitlich garnieren.
Die Kartoffeln lassen sich bei diesem Salat durch gares Gemüse (Blumenkohl, Möhren, Sellerie, junge Erbsen) ersetzen.

Vogtländisches Neunerlei

Die Kartoffeln in Würfel schneiden. Das mit Salz, Lorbeerblatt und Gewürzkörnern aufgekochte Essigwasser vom Herd nehmen und sofort die feingeschnittene Zwiebel zugeben. Kartoffel-, Apfel-, Gurken-, Eier-, Fleischwürfelchen und Pilze locker vermengen, dabei Essigwasser und Öl zugießen.

1 kg Pellkartoffeln,
1/8 l Essigwasser, Salz,
1/2 Lorbeerblatt,
2 Gewürzkörner, 1 Zwiebel,
3 Äpfel, 1 saure Gurke,
2 hartgekochte Eier,
garer Kaninchenfleischrest,
1 Tasse sauer eingelegte
Pilze, Öl oder Mayonnaise

Gurken-Kartoffel-Salat

Die Kartoffeln in dünne Scheiben schneiden und mit Mayonnaise vermischen. Die geschälte grüne Gurke hobeln und dazugeben, mit Salz und Pfeffer würzen. Alle Zutaten locker vermischen und mit gehacktem Dill bestreuen.

1 kg Pellkartoffeln,
Mayonnaise oder
Essig-Öl-Marinade,
375 g grüne Gurke,
Salz, Pfeffer,
frischer Dill

Feldsalat mit weissen Nüssen

Den Feldsalat putzen, waschen und trockenschleudern. Für die Salatsoße Essig, Öl, Salz, Pfeffer und feingehackte Zwiebel in der Salatschüssel verrühren. Eine Handvoll Walnüsse kurz überbrühen, die Haut entfernen, in kleine Stückchen brechen und in den Feldsalat mischen.
Die Apfelspalten je nach Geschmack gezuckert in einem Früchtetee dünsten und zum Salat geben.

Feldsalat (Rapünzchen),
Essig, Öl, Salz, Pfeffer,
1 kleine Zwiebel,
Walnüsse,
1 Apfel,
Zucker, Früchtetee

Süsse Speisen

„Nur süße" muß in Sachsen nicht nur der Kaffee sein. Schon im Mittelalter lieferten die sächsischen Zeidler (Imker) den Rohstoff Honig für alle möglichen süßen Haupt- und Nebenspeisen.
Der überall im Lande betriebene intensive Obstanbau (Kirschen, Pflaumen, Äpfel, Birnen, Beerenfrüchte) und die süßen Früchte des Waldes (Heidel-, Him- oder Brombeeren) sind bis heute Bestandteil der meisten „Nachtische", die es zum Mittagessen gibt.

SÄCHSISCHER PUDDING

Für den Pudding:
150 g Zucker,
1 Päckchen Vanillezucker,
30 g Mehl,
120 g gehackte süße Mandeln,
4 Eier,
4 Blatt Gelatine,
1/4 l Milch
Für die Soße:
80 g Zucker,
3 Eigelb,
1 EL Kakao,
1/4 l Milch

Für den Pudding zunächst den Zucker sowie 4 Eigelb schaumig schlagen. Mehl und Milch gut verquirlen und anschließend in die Eigelbmasse rühren. Im Wasserbad solange rühren, bis eine dicke Creme entstanden ist.
100 g der gehackten Mandeln zusammen mit der aufgelösten Gelatine und dem steifgeschlagenen Eiweiß in die Creme geben. Die restlichen Mandeln rösten und in eine Puddingform nach Wahl, die vorher mit Wasser ausgespült wurde, streuen. Danach den Pudding in die Form füllen und kalt stellen.
Für die Schokoladensoße die Eigelb mit Zucker schaumig rühren, die Milch hinzugeben und bei geringer Hitze cremig rühren. Die Soße darf jedoch nicht kochen. Danach den Kakao hinzugeben.

LEIPZIGER KAFFEEHÄUFCHEN

50 g Kokosfett,
150 g Haferflocken,
100 g Puderzucker,
1 EL sehr fein gemahlener Kaffee,
6 EL süße Sahne,
1 EL Rum,
runde Backoblaten

In einer Pfanne das Fett zergehen lassen, die Haferflocken dazugeben und goldgelb rösten. Danach die gerösteten Haferflocken zusammen mit dem Puderzucker, dem gemahlenen Kaffee, der Sahne und dem Rum in eine Schüssel geben und solange verrühren, bis die Flüssigkeit aufgesogen ist.
Mit zwei Teelöffeln kleine Häufchen abstechen, auf die Oblaten setzen und kalt servieren.

HEIDELBEERSPEISE

Die Heidelbeeren verlesen und gut abwaschen. Danach etwa 170 g der Beeren mit 70 g des Puderzuckers pürieren und etwa 1 TL geriebene Zitronenschale untermischen. Anschließend die Eigelb mit wenig Wasser und dem Himbeergeist schaumig rühren.
Die Sahne steifschlagen und mit der Eimasse und den Heidelbeeren cremig rühren. Eine Form mit der Hälfte dieser Creme füllen, die restlichen Heidelbeeren daraufgeben und abschließend die übrige Hälfte der Creme dazugeben.
Die Heidelbeerspeise etwa 2 Stunden im Kühlschrank abkühlen lassen, dann die Form kurz in warmes Wasser stellen und stürzen.

500 g Heidelbeeren,
125 Puderzucker,
2 Eigelb,
2 EL Himbeergeist,
1/4 l süße Sahne,
etwas abgeriebene Zitronenschale

GEZUCKERTE VEILCHEN

Die Veilchenblüten mit kochendem Wasser überbrühen. Den Zucker mit etwas Wasser solange aufkochen lassen, bis er Blasen wirft. Nun die Blüten in den Zucker geben und kurz aufkochen lassen.
Die Masse abkühlen lassen, bis der Zucker wieder trocken ist. Vorsichtig jede Veilchenblüte aus der Zuckerkruste nehmen und auf Pergamentpapier legen. Wenn die Blüten erstarrt sind, auf Vanillepudding servieren.
Ein Spaß für Kinder und Verliebte!

Etwa 50 Veilchenblüten,
150 g Zucker

REISPUDDING

250 g Reis,
1 l Milch,
90 g Zucker,
10 g Salz,
60 g Butter oder Margarine
3 Eier,
20 süße und 5 bittere
gehackte Mandeln,
1/2 abgeriebene
Zitronenschale

Zunächst aus Reis, Milch und Salz einen Milchreis kochen. 60 g Butter mit den Eigelb, Zucker, der abgeriebenen Zitronenschale schaumig rühren und mit dem Milchreis und den feingehackten Mandeln vermischen. Das Eiweiß zu Schaum schlagen und unter die Reismasse heben. Den Pudding in einen mit Fett ausgestrichenen Topf füllen und im Wasserbad 1 Stunde kochen lassen.

LEIPZIGER RINGTALER

8 größere Äpfel,
60 g Zucker,
175 g Mehl,
40 g Butter,
3 El Stärkemehl,
4 EL Zitronensaft,
2 Eier,
6 EL süße Sahne,
1/4 l Milch,
Salz,
Zimt,
Backfett

Die Kerngehäuse der Äpfel ausstechen. Danach die Äpfel schälen, etwa 1 Zentimeter dicke Ringe schneiden, diese mit etwa 15g Zucker bestreuen und mit Zitronensaft beträufeln.
Mehl, Stärkemehl, Butter, etwas Salz, restlichen Zucker, Milch, Sahne und 3 Eigelb zu einem dickflüssigen Brei verrühren und 15 Minuten quellen lassen. Das Eiweiß zu Schnee schlagen und vorsichtig unter den Teig heben.
Die Apfelringe nun durch den Teig ziehen und in heißem Fett goldbraun backen.
Mit Zimt bestreuen und die Ringe heiß servieren.

Meissner Weincreme

Die Hälfte des Weißweins mit den Eiern, Zucker, Salz und der Zitronenschale gut verrühren und im heißen Wasserbad solange schlagen, bis eine cremige Masse entsteht.
Die andere Hälfte des Weins zum Kochen bringen und anschließend mit dem vorher in wenig kaltem Wasser verquirlten Stärkemehl nochmals kurz aufkochen lassen. Danach den Topf von der Kochstelle nehmen, den Weinbrand hinzugeben und das Ganze unter die Eiermasse heben.

1/2 l Weißwein,
250 g Zucker,
4 Eier,
2 EL Weinbrand,
1 EL abgeriebene Zitronenschale,
1 Prise Salz,
40 g Stärkemehl

Himbeermarmeladenspeise

Die Zwiebäcke dick mit Butter und Marmelade bestreichen und jeweils zwei zusammenklappen. Lagenweise die Zwiebäcke nun in eine mit Butter ausgestrichene Backform legen und mit Zucker bestreuen. Danach die Milch mit den Eiern verquirlen, über die Zwiebäcke gießen und das Ganze 30 Minuten bei Mittelhitze backen lassen.

24 Zwiebäcke,
1 kleines Glas Himbeermarmelade,
65 g Butter,
65 g Zucker,
4 Eier,
1/2 l Milch

Saurer Milchpudding

1 l saure Milch,
375 g Zucker,
1 Tasse Rum,
5 Blatt rote und
4 Blatt weiße Gelatine,
1 Päckchen Vanillezucker,
1/2 abgeriebene
Zitronenschale

Die Milch (entrahmt) mit dem Zucker kräftig schlagen. Danach die Tasse mit dem Rum in ein kochendes Wasserbad stellen und im Rum die rote und weiße Gelatine auflösen. Gleichzeitig Vanillezucker und die Zitronenschale zugeben. Anschließend in einer Schüssel alles gut verrühren und kalt stellen, bis der Pudding steif geworden ist. Auf eine Glasplatte stürzen und servieren.

Schaumkirschen

3 Eier,
4 EL Weißwein,
2 EL Kirschsaft,
500 g Kirschen,
100 g Zucker

Drei Eigelb mit dem Zucker schaumig schlagen und mit Wein und Kirschsaft verrühren. Das Eiweiß zu Schnee schlagen und vorsichtig unter die Masse heben.
Die Kirschen in wenig Wasser dünsten, auf kleine Tellerchen verteilen und die Schaummasse darübergeben.

Quarkkeulchen ohne Kartoffeln

500 g Quark,
150 g Mehl,
4 Eier,
2 Vanillezucker,
100 g Rosinen,
Margarine

Quark, Eigelb und Vanillezucker verrühren und vorsichtig das Mehl sowie den geschlagenen Eischnee und die Rosinen unterrühren. Die Masse portionsweise in einer Pfanne von beiden Seiten goldgelb braten und mit Zimtzucker, Apfelmus oder Früchten servieren.

Quarkkeulchen

Die Kartoffeln pellen und gut zerstampfen. Die Rosinen überbrühen und etwa 5 Minuten quellen lassen. Den Kartoffelbrei durch ein Sieb mit Mehl bestäuben. Danach alle anderen Zutaten dazugeben und einen Teig kneten, zuletzt die Rosinen zugeben. Den Teig zu zwei großen Rollen formen, aus denen fingerdicke Scheiben geschnitten werden. Diese in heißem Öl goldgelb backen lassen. Mit etwas Zimt und Zucker bestreuen oder mit Apfelmus bzw. Kompott servieren.

1 kg Pellkartoffeln,
100 g Rosinen,
500 g Quark,
150 g Mehl,
90 g Zucker,
2 Eier,
1 TL Salz,
1 TL Backpulver,
1/2 EL abgeriebene Zitronenschale, Öl

Arme Ritter

Das Weißbrot entrinden und in der Sahne einweichen. Danach das Ei verquirlen und das Weißbrot damit bestreichen. Das Brot in den Semmelbröseln wenden und in Butter braten. Zum Schluß mit Zimt und Zucker nach Belieben bestreuen.

4 Scheiben Weißbrot,
1/4 l süße Sahne,
1 Ei, Butter,
Semmelbrösel,
Zucker, Zimt

Ausflug
»Vielleicht nach Blasewitz?«
»Was ist da zu sehn?«
»Da gibt es Käsekeilchen und das Schillerdenkmal.«
»Schön! Teilen wir uns die Genüsse: Sie die Keilchen und ich das Denkmal.«

*Karl May (*1842 in Hohenstein-Ernstthal)*

Arme Ritter anders

1 Päckchen
Neukircher Zwieback,
1/4 l Milch,
1 Eigelb,
geriebene Semmel,
Zucker

(für 2 Personen)
Die Zwiebäcke auf eine möglichst ebene Platte legen – portionsweise, so viel, wie in der Pfanne auf einmal gebraten werden können. Die Milch erwärmen (aber nicht kochen!), mit dem Eigelb gut verquirlen und über die Zwiebäcke tropfen. Nach einem Moment die Zwiebäcke wenden und von der anderen Seite vorsichtig begießen, so daß sie gut eingeweicht sind. Dann die Zwiebäcke vorsichtig mit der geriebenen Semmel panieren und von beiden Seiten knusprig braun braten.
Dazu reicht man Vanillesoße. Die Armen Ritter können von ganz „Süßen" noch mit Zucker oder Zimtzucker bestreut werden, die Soße wird darüber gegossen.

Apfelnudeln

300 g Nudeln,
15 g Salz,
500 g Äpfel,
60 g Zucker,
1 abgeriebene
Zitronenschale

Die Nudeln in 2 l Salzwasser weichkochen, anschließend durch einen Durchschlag schütten, falls notwendig, mit kaltem Wasser abschrecken.
Die Äpfel schälen, entkernen und in Achtelstücke schneiden. Zusammen mit dem Zucker und der Zitronenschale in 1/2 l Wasser weichkochen und danach mit den Nudeln mischen.

Semmelpudding

Die Semmeln reiben. Die Hälfte der Semmeln anschließend in der Milch sehr gut einweichen. Danach die zu Schaum gerührte Butter, 4 Eigelb, die restlichen Semmeln, Zucker, Rosinen, die geriebenen Mandeln und zuletzt die zu Schnee geschlagenen Eiweiß hinzugeben. Die Puddingmasse in eine mit Butter gut ausgestrichene Form geben, die jedoch nicht ganz gefüllt wird.
Die Puddingform in kochendes Wasser stellen und alles knappe 2 Stunden kochen lassen.
Der Pudding kann gut mit Kirschsoße serviert werden.

250 g altbackene Semmel,
1/2 l Milch,
125 g Butter,
4 Eier,
125 g Zucker,
125 g große Rosinen,
125 g kleine Rosinen,
5 süße und
3 bittere Mandeln

Versoffene Kapuziner

Die Kirschen stoßen und in 1/2 l Wasser weichkochen. Danach durch ein Sieb drücken, Rotwein, Zucker und Kartoffelmehl hinzugeben und alles nochmals aufkochen lassen. Die so bereitete Soße muß warm gehalten werden.
Von den Brötchen die Kruste abschneiden, einmal teilen und kurz in der Milch einweichen. Danach durch ein zuvor verquirltes Ei ziehen und in heißem Fett goldbraun backen. Die Kirschsoße beim Servieren darübergießen.
Diesen Nachtisch richtete man im alten Dresden an, als Kirschen noch getrocknet wurden (Backobst).

250 g getrocknete Kirschen (mehr saure als süße),
1 Wasserglas Rotwein,
1 TL Kartoffelmehl,
8 Mundbrötchen,
1 Ei,
Zucker nach Belieben

LANGEBRÜCKER HEIDELBEERPFANNE

1 1/2 kg Heidelbeeren,
500 g Mehl,
5 Eier,
3/4 l Milch,
1/2 Päckchen Backpulver,
1/2 TL Salz,
1 EL Butter,
50 g Zucker

Die Heidelbeeren verlesen, waschen und anschließend durch ein Sieb geben. Mehl, Eier und Milch gut verrühren, Backpulver und Salz dazugeben. Nach und nach zwei Drittel der Heidelbeeren in den Teig geben. Alles in eine viereckige, gut gefettete Form (oder auch Kasserolle) geben und danach die restlichen Heidelbeeren auf dem Teig verteilen (nicht umrühren). Im Backofen bei mittlerer Hitze 30 bis 40 Minuten backen, mit Zucker bestreuen und sofort heiß servieren. Man kann das Gericht auch mit Hefeteig zubereiten.

KIRSCHKNÖDEL

500 g Kirschen,
100 g Zucker,
1 EL Butter,
2 Eier,
250 g Semmelbrösel,
2 l Milch

Die Kirschen entsteinen und mit dem Zucker im eigenen Saft weichdünsten. Anschließend in eine Teigschüssel geben. Die Butter zergehen lassen und zusammen mit den verquirlten Eiern zu den Kirschen geben. Nach und nach die Semmelbrösel hinzugeben und solange umrühren, bis ein fester Teig entsteht. Knödel formen (6 bis 8 Stück) und in der Milch garen.
Die Knödel können mit Vanillesoße serviert werden.

Kirschenpfanne

Die Kirschen waschen, in 1/8 l Wasser mit drei Eßlöffeln Zucker etwa 7 Minuten dünsten. Abkühlen lassen und mit Kirschwasser aromatisieren. Kirschen abtropfen lassen. Den Saft und 250 g Kirschen zur Seite stellen.
Aus Eigelb, Sahne, Zucker, Salz und Mehl mit dem Schneebesen einen glatten Teig rühren. Eine gute halbe Stunde ausquellen lassen. Die Butter schmelzen und zum Teig geben, gut durchrühren. Die Eiweiß steif schlagen und vorsichtig unter den Teig heben. Die lockere Masse in eine gebutterte Auflaufform geben, die Kirschen einsinken lassen und im vorgeheizten Backofen bei 200 °C (Gas Stufe 3) etwa 30 Minuten backen. Die fertige Kirschenpfanne mit Puderzucker bestreuen.
250 g Kirschen im Saft mit dem Mixer pürieren.
Kühl zur heißen Kirschpfanne servieren.

750 g Kirschen (entsteint),
3 EL Zucker,
1 Gläschen Kirschwasser,
6 Eier,
1/4 l süße Sahne,
1 Prise Salz,
150 g Mehl,
2 EL Zucker,
150 g Butter,
2 EL Puderzucker

Kirschgelee mit Quark

Die Gelatine in abgekochtem Wasser vorweichen, dann im heißen Wasserbad auflösen, in das Kirschkompott geben und alles erstarren lassen.
Den Quark durch ein Sieb drücken, schaumig schlagen und auf das Gelee geben.

45g Kirschkompott,
25 g Quark,
1 Blatt Gelatine

„SÜSSE LUFT" ODER „SCHAUM IM GLAS"

3 Eier,
125 g Zucker,
1 Zitrone,
1/4 l Apfelsaft,
8 g Gelatine, Salz,
1/2 Päckchen Vanillezucker

Eigelb und Zucker schaumig rühren, Zitronensaft und etwas abgeriebene Schale zufügen.
Den Apfelsaft erhitzen, darin die zuvor mit wenig kaltem Wasser eingeweichte Gelatine auflösen und abgekühlt zur Eigelbmasse geben.
Die Eiweiß mit 1 Prise Salz und Vanillezucker steif schlagen, unter die Speise ziehen und kalt gestellt erstarren lassen.

JOGHURT MIT HONIG UND HASELNÜSSEN

4 große Becher Joghurt von je 500 g,
200 g Haselnußkerne,
500 g flüssiger Honig,
1 Prise gemahlener Zimt

Den Joghurt in einem Sieb oder einem Mulltuch gut 1 Stunde abtropfen lassen.
Haselnußkerne auf mittlerer Einschubleiste im vorgeheizten Backofen bei 200° C (Gas Stufe 3) etwa 8 Minuten rösten, von der braunen Schale befreien und grob zerkleinern. Den Honig unter den abgetropften Joghurt rühren. Die Nüsse mit dem Zimt mischen und über das Joghurt-Honig-Gemisch streuen. Eiskalt als Nachspeise servieren, reicht für 8 bis 10 Portionen.

TIP

Geschlagenes Eiweiß wird besser und schneller steif, wenn man eine Messerspitze Gelierpulver hinzugibt.

BUCHTELN

Das Mehl in eine Schüssel sieben, in die Mitte eine Mulde drücken. In der erwärmten Milch die Hefe und den Zucker auflösen; in die Mulde gießen und langsam mit dem Mehl verrühren. Die weiche Margarine zugeben und alles zu einem Teig verarbeiten, bis er sich von der Schüssel löst. Dann auf leicht bemehlter Arbeitsplatte kneten und schlagen, bis er glatt und glänzend ist. Etwa 20 Minuten gehen lassen. 12 flache Klöße daraus formen, mit Obst nach Bedarf (z.B. Pflaumen, Apfelstücke) füllen, in eine gefettete Springform setzen und gehen lassen. Im vorgeheizten Ofen bei 200° C backen. Nach kurzem Abkühlen den Rand lösen und die Buchteln herausnehmen.
Dazu Vanillesoße oder Puderzucker auftragen.

500 g Mehl,
1/4 l Milch,
40 g Hefe,
80 g Zucker,
75 g Margarine,
400 g Obst nach Bedarf,
Zucker,
Vanillesoße

Bratäbbel

Bratäbbel wolln behandelt sin,
das is ne alte Sache.
Mer leecht se nich bloß eenfach hin
un saacht: „Nu brate, mache!"
Äja, mer muß ooch immer mal
de Brieder rächt hibsch wenden.
Dann wärnse ärscht so scheen egal
an ihrn zwee Abbelenden.
So mancher, där is rächts verbrantt
un links noch fäst un roh.
Dann habbich ooch mal een gegannt,
där flammte lichterloh.

*Lene Voigt (*1891 in Leipzig)*

Sachsens Prominenz oder Königliche Erziehung zur Bescheidenheit

Der letzte sächsische König, Friedrich August von Sachsen, kehrt mit seinen halbwüchsigen Kindern in der Dresdner Heide ein.

Kellner: „Ihre Majestät wünschen?"

Majestät: „Gaffee, finf ma", und seine Lieben abzählend „...eens, zwee... vier Semmln mit Buddr."

Der 12jährige Kronprinz zieht einen Flunsch: „Oooor, geen Guchen? Nur Semmln?"

Majestät zum Kellner: „Nur drei Semmln!".

Mit dem Finger auf den Kronprinz deutend: „Där krischd nischd!"

HEIDESAND

500 g Butter,
500 g Zucker,
750 g Mehl,
1 TL Hirschhornsalz

Die Butter zergehen lassen und nach und nach unter fortwährendem Rühren zuerst den Zucker, dann das Mehl und zuletzt das Hirschhornsalz dazugeben. Auf ein gefettetes Backblech kleine Häufchen der Masse setzen und bei mäßiger Hitze backen.

GUTE BÄBE

500 g Butter oder Butterschmalz,
8 Eier,
250 g Weizenmehl,
250 g Kartoffelmehl,
2 EL Rum,
1 abgeriebene Zitronenschale,
etwas Puderzucker

Die Butter zu Schaum rühren und die Zitronenschale dazugeben. Danach abwechselnd 8 Eigelb und das Mehl hinzugeben, zuletzt den Rum. Das Eiweiß zu Schnee schlagen und unter die Masse heben.
Bei mittlerer Hitze etwa 40 Minuten backen und danach mit etwas Puderzucker bestreuen.

TIP

Wenn mehrere Eier in den Kuchenteig gehören, sollten sie nicht auf einmal, sondern eines nach dem anderen hineingerührt werden. Das Backwerk wird lockerer.

GÖRSCHENKUCHEN

Die Butter zergehen lassen und Zucker, Sahne und das Ei hinzugeben. Danach Mehl nach Bedarf in die Masse rühren. Den Teig auf ein gut gefettetes Backblech dünn aufstreichen, backen und noch warm schneiden.

150 g Butter,
180 g Zucker,
knapp 1/4 l saure Sahne,
1 Ei, Mehl nach Bedarf

HASELNUSSKUCHEN AUS TRACHAU

Die Butter und den Zucker zu einer schaumigen Masse rühren und danach die beiden Eigelb hineingeben. Die Eiweiß kühl stellen. Nach und nach das gesiebte und mit Backpulver vermischte Mehl hinzugeben. Die Milch dann zugeben, wenn sich der Teig schwer rühren läßt. Ist alles gut durchgerührt, kommen die geriebenen Haselnüsse an den Teig. Die Eiweiß schlagen und vorsichtig unter den Teig heben. In einer gut gefetteten und mit Semmelbröseln ausgestreuten Backform den Teig bei mittlerer Hitze eine knappe Stunde backen. Zur Verfeinerung kann man den Kuchen mit einer Schokoladenglasur versehen oder ihn einfach nur mit Puderzucker bestreuen.

150 g Butter,
180 g Zucker,
2 Eier,
250 g Mehl,
1/2 Päckchen Backpulver,
1/2 l Milch,
100 g geriebene Haselnüsse,
2 EL Semmelbrösel

TIP

Wer Backpulver ob seines Natrongehaltes nicht mag, kann dieses problemlos durch feinen Rum ersetzen: etwa 3 EL auf 500 g Mehl.

Sächsischer Käsekuchen

Für den Teig:
450 g Mehl,
3/8 l Milch,
30 g Hefe,
80 g Butter,
15 g Zucker,
2 Eigelb, 1 Prise Salz
Für die Decke:
450 g Käse,
100 g Butter, 3 Eier,
125g Zucker,
1/2 l saure Sahne

Teig: Aus Mehl, Milch, Hefe, Butter, Zucker, den Eigelb und einer Prise Salz einen Hefeteig bereiten. Diesen auf ein gut gefettetes Backblech gleichmäßig verteilen und etwa 10 Minuten stehen lassen.
Decke: Den Käse reiben und den Teig damit bestreuen. Die Butter zergehen lassen und den Teig damit beträufeln. Die Eier, Zucker und Sahne zu einem Guß verrühren und auf den Teig geben. Bei mittlerer Hitze den Teig etwa 45 Minuten backen.

Pfunds Torte

375 g Butter,
500 g Zucker,
9 Eier,
1 Zitrone,
500 g Mehl,
1 Päckchen Backpulver

Butter, Zucker, Eigelb, Saft und die abgeriebene Schale der Zitrone schaumig rühren. Nach und nach das Mehl und das Backpulver hinzufügen.
Die Eiweiß zu Schnee schlagen und vorsichtig unter den Teig heben. Den Kuchen in einer gut gefetteten Backform solange backen, bis er gebräunt ist.

Die Gebrüder Pfund gründeten 1880 in Dresden eine Großmolkerei, stellten 1886 Deutschlands erste Kondensmilch her und eröffneten 1892 den „schönsten Milchladen der Welt", der bis heute existiert.

Borsdorfer Apfelstrudel

Die Zutaten für den Teig - außer dem Eiweiß - werden gut verrührt und zu einem Teig geknetet. Den Teig halbieren und in zwei gleichgroße Teile ausrollen. Auf ein gut gefettetes Backblech einen Teigteil legen.
Die Äpfel schälen, entkernen und gut verteilt auf den Teig hobeln. Zucker, gestiftelte Mandeln, Zimt und die abgeriebene Zitronenschale darüberstreuen.
Danach mit zerlassener Butter beträufeln. Den zweiten Teigteil über das Ganze legen, die Ränder andrücken und mit dem Eiweiß bestreichen. Im Backofen den Teig goldgelb backen, danach auskühlen lassen und in Portionsschnitten schneiden.

Für den Teig:
400 g Mehl,
70 g Zucker,
80 g Margarine,
1 Päckchen Backpulver,
1 Ei, 1 Eiweiß,
1/8 l Milch
Für die Füllung:
800 g Äpfel,
200 g Zucker,
Vanillezucker, Zimt,
süße Mandeln,
abgeriebene Zitronenschale,
50 g Butter

Gedeckter Birnenkuchen

Margarine, Zucker, Milch und die Eier schaumig rühren. Danach langsam das Mehl und die Haferflocken dazugeben, zuletzt den Rum, eine Prise Salz und etwas Zimt. Wenn alles gut vermischt ist, 2/3 des Teiges in eine vorbereitete Springform geben. Darauf die Birnen verteilen und anschließend den restlichen Teig darübergeben. Den Teig im vorgeheizten Ofen auf der untersten Einschubleiste bei mittlerer Hitze etwa 1 Stunde backen und anschließend mit Puderzucker bestreuen.

1 Glas eingemachte Birnen,
150 g Margarine,
150 g Zucker,
1/8 l Milch,
3 Eier,
300 g Weizenmehl,
50 g Haferschneeflocken,
1 EL Weinbrand,
je 1 Prise Salz und Zimt,
Puderzucker

LEIPZIGER LERCHEN

Für den Teig:

250 g Mehl,
1 Ei,
1 TL Weinbrand,
70 g Zucker,
125 g Butter,
etwas Salz

Für die Füllung:

125 g Butter,
250 g Aprikosenmarmelade,
150 g Puderzucker,
75 g Mehl,
1 EL Stärkemehl,
1 Eigelb,
4 Eiweiß,
150 g geriebene süße Mandeln,
etwas Bittermandelöl

In eine große Schüssel das Mehl sieben. Danach das Ei, den Weinbrand und eine Prise Salz dazugeben.
Den Zucker darüberstreuen und die vorher zerlassene Butter darüberträufeln. Nun hieraus einen Teig rühren und etwa 30 Minuten stehen lassen.
Für die Füllung die Butter schaumig schlagen. Außer der Marmelade und dem Eiweiß alle anderen Zutaten nach und nach dazugeben. Die vier Eiweiß steif schlagen und vorsichtig unter die Masse heben.
Anschließend den kühl gestellten Teig 0,5 Zentimeter dick ausrollen. Kleine Tortenförmchen von etwa 6 Zentimeter Durchmesser mit Butter einfetten und mit dem Teig auslegen. Darüber die vorher durch ein Sieb gestrichene Marmelade geben, danach die Füllung. Von den übriggebliebenen Teigresten zwei Streifen über Kreuz zum Abschluß legen. Die Lerchen im vorgeheizten Ofen bei etwa 180° C 20 Minuten lang backen.
Die Förmchen stürzen, wobei die Lerchen sofort wieder gedreht werden müssen.

Millionenfach wanderten Heide- und Feldlerchen aus dem Leipziger Land im 18./19. Jh. in Bratpfannen und Räucherkammern und wurden – in Schachteln verpackt – bis nach Wladiwostok exportiert.
Als ihr Fang verboten wurde, schufen die Leipziger Bäcker als Ersatz das Marzipantörtchen, das den mit Speckstreifen umwickelten Vogelbalg nachbildet.

DRESDNER EIERSCHECKE

Für den Boden zuerst Margarine, Ei und Zucker gut verrühren. Nach und nach das Mehl und das Backpulver dazugeben und einen Teig kneten. Den Teig in eine gut gefettete und mit Semmelbrösel bestreute Springform geben.
Für den Quarkbelag zunächst die Butter erhitzen und anschließend mit allen anderen Zutaten gut verrühren. Die Quarkmasse auf den Bodenteig in die Springform geben.
Für den Guß die Milch, den Zucker und das Puddingpulver in einem Topf zum Kochen bringen, mit der Margarine und zum Schluß mit den Eigelb gut verrühren, bis eine cremige Masse entsteht. Diese zum Abkühlen in ein Wasserbad stellen. Eiweiß zu Schnee schlagen und vorsichtig unterheben. Die Masse anschließend über die Quarkschicht geben.
Den Kuchen in vorgeheiztem Ofen bei mittlerer Hitze etwa 1 Stunde backen. Über die Springform kann man einen Bogen Backpapier legen, damit der Guß oben goldgelb bleibt.

Für den Boden:
80 g Margarine,
1 Ei,
100 g Zucker,
200 g Mehl,
1/2 Päckchen Backpulver
Für den Belag:
80 g Butter,
500 g Quark,
100 g Zucker,
2 Eier,
1/2 Päckchen Vanillepudding (nicht kochen)
Für den Guß:
1/4 l Milch,
100 g Zucker,
80 g Margarine,
1/2 Päckchen Vanillepudding,
3 Eier

TIP

Ein feuchtes Tuch unter die Rührschüssel, und sie wandert nicht über den Küchentisch. Das krampfhafte Festhalten des Schüsselrandes entfällt.

Dresdner Christstollen

2 kg Mehl,
190 g Hefe,
3/4 l -1 l Milch,
250 g Zucker,
1 kg Butter,
250 g süße Mandeln (gehackt),
50 g bittere Mandeln (gehackt),
250 g Zitronat (gehackt),
1 Zitrone (abgeriebene Schale),
1 TL Salz,
3 kg Sultaninen,
1/8 l Rum
Nach dem Backen:
200 g Butter,
375 g Puderzucker
(Zutaten für 4 Stollen à 1 1/2 kg)

Aus 750 g Mehl, der zerbröckelten Hefe, etwa 1/2 l warmer Milch und 2 EL Zucker das Hefestück ansetzen und in Ofennähe zugedeckt aufgehen lassen. Das übrige Mehl mit der restlichen Milch, Zucker, Butter, den kleingehackten Mandeln, Zitronat, Zitronenschale und Salz gut verkneten. Das Hefestück und die tags zuvor in Rum eingeweichten Sultaninen hinzufügen und alles solange kneten, bis sich der Teig von Händen und Backschüssel löst. Anschließend den Teig 1 Stunde gehen lassen.
Den Teig in vier gleiche Stücke (à 1 1/2 kg) teilen und jedes Stück nochmals gut durchkneten. Nach etwa 1/2 Stunde die Teigstücke in Stollenform bringen. Das gelingt am besten, indem man den ausgerollten Teig über einem Holzstiel übereinanderschlägt und dann den Stiel vorsichtig herauszieht. Auf einem gut gefetteten Backblech im Backofen bei 200° C etwa 70 Minuten backen (nach 60 Minuten Backprobe mit Holzspeiler).
Die Stollen mit zerlassener Butter sorgfältig bepinseln (vor allem in den Vertiefungen) und dann dick mit Puderzucker bestäuben (verhindert das Austrocknen).
Stollen schmecken am besten, wenn sie mindestens 2 Wochen vor Anschnitt gebacken und zwischenzeitlich kühl und einzeln in Leinentücher oder Folie geschlagen in einer Stollenkiste abgelagert wurden. Wenn unmittelbar vor dem Servieren nochmals eine frische Puderzuckerschicht aufgesiebt wird, sieht der Stollen genauso aus, wie er als Gebildgebäck – das gewickelte Christkind in weißem Linnen symbolisierend – überliefert ist.

Selterswasserkuchen

Die Eier mit Zucker und Öl schaumig schlagen. Das Mehl mit dem Backpulver vermengen und auf die Eimasse sieben. Salz und Zitronenschale zufügen und alles gut verrühren. Zuletzt das Selterswasser einrühren.
Die Backform ausbuttern und ausbröseln. Den Teig hineingeben. Im vorgeheizten Backofen bei 200° C etwa 50 Minuten backen. Den Kuchen herausnehmen und auskühlen lassen.
Den Puderzucker mit Zitronensaft und Butter verrühren und über den Kuchen ziehen.

Für den Teig:
4 Eier,
360 g Zucker,
200 ml Öl,
375 g Mehl,
1 Päckchen Backpulver,
1 Prise Salz,
1 TL abgeriebene unbehandelte Zitronenschale,
1 Tasse Selterswasser
Für die Glasur:
150 g Puderzucker,
2 EL Zitronensaft,
1 EL weiche Butter

Vogtländischer Blaubeerkuchen

Die verlesenen Heidelbeeren waschen und gut abtropfen lassen. Aus Mehl, Butter, Zucker und Eigelb einen Mürbeteig bereiten, gut durcharbeiten. Den Teig zu einer Kugel formen, in Pergamentpapier einwickeln und für 50 bis 60 Minuten kalt stellen.
Dann ausrollen, auf ein gefettetes Blech geben, dabei einen Rand andrücken. Dünn mit Semmelbröseln bestreuen, die Heidelbeeren daraufschütten und gleichmäßig verteilen. Leicht mit Zucker bestreuen, im vorgeheizten Backofen bei 180° C etwa 45 Minuten backen.

1 kg Heidelbeeren,
450 g Mehl,
150 g Butter,
100 g Zucker,
3 Eigelb,
100 g Semmelbrösel,
Zucker zum Bestreuen

KLECKSELKUCHEN

1 Päckchen gefrorener Hefeteig,
etwas Margarine
Für die Quarkmasse:
500 g Quark,
3 Eigelb,
50 g Butter,
150 g Zucker,
Milch,
1EL Mehl,
Zitronenaroma,
4 EL Rosinen
Für die Mohnmasse:
150 g Mohn,
50 g Butter,
1/8 l Milch,
50 g Semmelbrösel,
Zucker, Zimt,
2 Äpfel,
Butter,
Puderzucker

Den aufgetauten Hefeteig ausrollen, auf ein gefettetes Blech geben, die Ränder am Backblech etwas hochziehen. Den Quark durch ein Sieb streichen, Eigelb mit Butter und Zucker schaumig rühren, etwas Milch und dann löffelweise den Quark zugeben. Danach das Mehl, das Zitronenaroma und die Rosinen zugeben und alles so lange schlagen, bis die Masse cremig ist.
Für die Mohnmasse den Mohn mahlen, in der Butter durchschwenken, mit der Milch auffüllen und durchkochen. Die Mohnmasse mit den Semmelbröseln binden. Etwas aufquellen lassen, süßen und mit etwas Zimt würzen. Die Quark- und die Mohnmasse löffelweise abwechselnd auf dem Teig verteilen.
Darüber kleine Apfelstückchen streuen und den Kuchen bei Mittelhitze etwa 45 Minuten backen. Buttern und zuckern.

TIP fürs Kuchenrühren

Ob rechtsherum im Uhrzeigersinn oder für Linkshänder andersherum bleibt gleich. Hauptsache, der Kuchenteig wird nur in einer Richtung gerührt, damit Luft hineinkommt. Wechselt man zwischendurch die Richtung, wird der Teig „entlüftet" und das Backwerk letztlich nicht so locker, wie es sein könnte.

Meissner Quarktorte

(ohne Boden)
Die Margarine schaumig schlagen und mit Eigelb, Zucker, Vanillezucker, etwas abgeriebener Zitronenschale und Zitronensaft verrühren. Den Quark, Grieß und das mit Backpulver gesiebte Mehl darunterrühren.
Leicht gesalzenen steifen Eischnee unterheben, eine Springform vorbereiten und die Torte bei guter Mittelhitze etwa 60 Minuten backen.
Sofort mit zerlassener Butter bestreichen und mit Puderzucker besieben.

125 g Margarine,
6 Eier,
400 g Zucker,
1 Päckchen Vanillezucker,
1 Zitrone,
1 kg trockener Quark,
100 g Grieß,
1 EL Mehl,
1 Päckchen Backpulver,
Salz, Butter, Puderzucker

Lausitzer Zwiebackkuchen

Den aufgetauten, ausgerollten Hefeteig mit Milch oder Sahne bestreichen. Zwieback und Nüsse oder Mandeln reiben, mit Zucker, Vanillezucker und einer Prise Salz locker vermischen.
Den Teig damit bekrümeln und den Kuchen bei Mittelhitze etwa 25 Minuten backen. Sofort mit zerlassener Margarine beträufeln und mit Puderzucker besieben.

1 Päckchen gefrorener Hefeteig,
reichlich 1/8 l Milch oder Sahne,
300 g Zwieback,
75 g Nüsse oder Mandeln.
125 g Zucker,
1 Päckchen Vanillezucker,
Salz,
125 g Margarine,
Puderzucker

ALBERTKEKS

180 g Margarine,
2 Eier,
100 g Zucker,
1 Päckchen Vanillezucker,
500 g Mehl,
1 Päckchen Backpulver,
1 Speckschwarte

Die Margarine schaumig schlagen und dann abwechselnd Eier, Zucker und Vanillezucker hinzugeben. Danach das Mehl und das Backpulver mit etwa 5 EL Wasser vermischen, alles verkneten und den Teig kalt stellen.
Den Teig etwa messerrückendick ausrollen.
Mit dem Reibeisen ein Muster auf den Teig drücken und anschließend mit einem Glas kleine Kuchen ausstanzen.
Das Backblech mit Salz einreiben und mit der Speckschwarte gut einfetten. Die Kuchen nicht allzu eng aneinander auf das Blech legen und bei mittlerer Hitze 15 Minuten goldgelb backen.

BAUERNBISSEN

250 g Sirup,
1/8 l Milch,
30 g Zucker,
500 g Roggenmehl,
1 TL Hirschhornsalz,
Pfefferkuchengewürz

Den Sirup, die Milch und den Zucker auf dem Herd erhitzen und lauwarm über das Mehl gießen. Anschließend das Pfefferkuchengewürz hinzugeben und alles gut durchkneten. Zum Schluß das Hirschhornsalz mit der Masse vermischen. Anstelle von Hirschhornsalz kann auch Backpulver verwendet werden. In diesem Fall wird das Backpulver gleich unter das Mehl gesiebt.
Den Teig danach zu etwa daumendicken Röllchen formen, diese in zwei Finger lange Stücke schneiden, auf ein gut gefettetes Blech legen und goldgelb backen.

REFORMATIONSBRÖTCHEN

500 g Mehl,
40 g Hefe,
30 g Zucker,
1/4 l Milch,
50 g Butter,
50 g gehackte süße Mandeln,
100 g Rosinen,
1 TL abgeriebene Zitronenschale,
1 EL gehacktes Zitronat,
200 g Erdbeerkonfitüre,
Puderzucker

Das Mehl in eine Schüssel geben und in die Mitte eine Vertiefung drücken. Hefe, Zucker und 8 EL der Milch verquirlen, in die Vertiefung geben und mit Mehl bestreuen. Die Butter, Mandeln, Rosinen, Zitronenschale, Zitronat und Salz vermischen und auf den Mehlrand geben. Wenn das Mehl unter der Hefe rissig zu werden beginnt, von der Mitte aus alle Zutaten vermengen. Die restliche Milch zugeben und den Teig danach warm stellen, bis er doppelt so hoch ist. Anschließend den Teig kneten und ausrollen und Vierecke (etwa 12 x 12 Zentimeter) ausrädeln. Alle Ecken einschlagen, so daß die Spitzen in der Mitte aneinanderstoßen. Je 1 EL Konfitüre auf die Brötchen geben und nochmals 20 Minuten gehen lassen. Im vorgeheizten Backofen bei 220° C 20 Minuten goldbraun backen lassen und nach Geschmack mit Puderzucker bestreuen.

KARTOFFELKUCHEN

1 kg Kartoffeln,
200 g Mehl,
150 g frische Butter,
3 Eier,
2 EL Zucker,
1/2 TL Zimt

Die Kartoffeln kochen, erkalten lassen und reiben. Mehl, Butter und Eier mit den Kartoffeln zu einem festen Teig verarbeiten und diesen sehr dünn ausrollen. Auf ein gefettetes Kuchenblech legen, mit zerlassener Butter bestreichen und schnell backen. Anschließend den noch heißen Kuchen abermals mit zerlassener Butter bestreichen und mit Zucker und Zimt bestreuen.
Warm auftragen.

Vielleicht ist es kein Zufall, daß ausgerechnet eine Sächsin die Methode der Kaffeezubereitung revolutionierte. Liegen doch in Sachsen wichtige Ursprünge der Kaffeekultur, denkt man nur an eines der ältesten Kaffeehäuser, das „Haus zum Arabischen Coffe-Baum" in Leipzig.

Melitta Bentz, eine Dresdner Hausfrau, kam 1908 auf die Idee, den Kaffeesatz mit einem Papierfilter aus den Tassen herauszuhalten. Sie meldete ihre Erfindung des Kaffeefilters mit Filterpapier zum Patent an – und heute hat der Filterkaffee nicht nur in Sachsen zahllose Anhänger.

Warme und kalte Getränke

Glühwein

2 Flaschen (1 1/2 l)
Rotwein,
300 g Zucker,
1 TL Zimt (imStück),
6 Nelken,
1 Zitrone (Schale)
Rotwein

Zucker und Gewürze mit der feinabgeschälten oder abgeriebenen Schale der Zitrone zugedeckt (am besten in einem Tontopf) langsam erhitzen.
Kurz vor dem Aufkochen vom Herd nehmen und durch ein Sieb gießen bzw. Zimt, Nelken und Zitronenschale herausfischen.Glühwein - ein typisches Wintergetränk - ist „glühheiß" zu servieren, damit er richtig aufwärmt.

Kaffee, heiß und kalt

125g kräftiger
gemahlener Kaffee,
8 Kaffeebohnen,
8 cl Mokkalikör,
4 EL Schlagsahne,
4 TL Zucker nach Bedarf

Ein Drittel des Kaffeepulvers mit 1/8 l kochendem Wasser aufbrühen, umrühren, durch ein Sieb gießen. Im Tiefkühlfach danach zu Würfeln (in jedes Kästchen 1 Kaffeebohne) gefrieren lassen. Sind diese fest, mit dem restlichen gemahlenen Kaffee frischen Filterkaffee zubereiten. Serviert wird in Gläsern: In jedes Glas 1–2 kalte Kaffeewürfel (je nach Größe), 2 cl Mokkalikör, 1 TL Zucker, alles mit heißem Kaffee aufgießen. Sahnehaube aufspritzen, (eventuell mit Kaffeemehl und Kaffeebohnen garnieren). Sofort servieren.
Ein Muntermacher der besonderen Art, der den Namen »à la Saxonne 1989« verdienen könnte.

Holunderpunsch

Holunder- und Apfelsaft mit Zucker zum Kochen bringen, danach vom Herd nehmen und den Zitronensaft zugeben. Kann sowohl heiß als auch kalt getrunken werden. Wem das Getränk zu herb ist, der muß nachsüßen.

1 l Holundersaft,
1/2 l Apfelsaft,
125 g Zucker,
1 Zitrone (Saft)

Dresdner Weihnachtspunsch

Rotwein und Tee (Aufguß von etwa 50g Tee einer kräftigen, reinen Sorte) über den Zucker gießen und mit Zitronensaft, Nelken und Rum langsam erhitzen (nicht kochen lassen). Vor dem Servieren die Nelken herausnehmen. Das Mischverhältnis zwischen Rotwein und Tee kann nach Geschmack von 1/2 zu 1/2 bis zu 2/3 zu 1/3 variabel gestaltet werden, weniger - zum Beispiel 3/4 zu 1/4 - sollte es nicht sein.

2 Flaschen (1 1/2l) Rotwein,
1/2 l schwarzer Tee,
500 g Zucker,
Saft von 3 Zitronen,
6 Nelken,
2-3 Tassen Rum
(oder Arrak)

Die Gewißheit

Ob ich morgen leben werde,
Weiß ich freilich nicht:
Aber wenn ich morgen lebe,
Daß ich morgen trinken werde,
Weiß ich ganz gewiß

Gotthold Ephraim Lessing
*(*1729 in Kamenz)*

Warmbier

1 l Bier
(helles oder Weißbier),
200g Zucker,
1/2 TL Zimt,
1 ungespritzte Zitrone,
2 Eigelb,
1/4 l Milch

Das Bier mit Zucker, Zimt und 1 TL abgeriebener Zitronenschale zum Aufkochen bringen. Milch und Eigelb in einem anderen Gefäß gut verquirlen, dann nach und nach das heiße Bier zugießen und miteinander verquirlen. Den Zitronensaft zuletzt beifügen, in Gläser füllen und warm servieren.

Apfelweinpunsch

1 l Apfelwein,
1/2 Schote Vanille,
50-100 g Zucker,
2 Tassen Kirschsaft
(auch Erdbeer- oder
Brombeersaft)

Wein, Zucker und Kirschsaft vermischen und mit der Vanilleschote erhitzen (nicht kochen).
Vor dem Servieren – dieser Punsch muß heiß getrunken werden – die Vanille entfernen.

Erdbeerbowle

500 g Walderdbeeren,
150 g Zucker,
1/2 l Weißwein (fruchtig),
1 Flasche Sekt
(oder kohlensäurehaltiges
Mineralwasser)

Die gesäuberten Walderdbeeren (Gartenerdbeeren halbieren, eventuell vierteln) mit Zucker bestreuen, den Weißwein darübergießen und zugedeckt 2 bis 3 Stunden kalt stellen. Mehrmals zwischendurch umrühren.
Kurz vor dem Auftragen den gekühlten Sekt (bzw. das Mineralwasser) dazugießen.

Johannisbeerkorn

1 kg schwarze Johannisbeeren,
etwa 1 Flasche (700 ml) Doppelkorn oder Wodka

Die gewaschenen, gut abgetropften und entstielten Johannisbeeren in weithalsige Flaschen füllen. So viel Wodka oder Korn aufgießen, daß die Beeren gut bedeckt sind. Die Flaschen mit Gummikappen verschließen und etwa 14 Tage in die Sonne stellen. Eventuell nach einigen Tagen, wenn sich die Beeren vollgesogen haben, etwas Wodka oder Korn nachfüllen.

Ein Gläschen Johannisbeerkorn ist ein ausgezeichnetes Hausmittel bei Magenverstimmungen. Dabei können nach Belieben die Beeren mitgegessen werden. Es ist nicht nötig, den Alkohol von den Beeren abzugießen und gesondert in Flaschen zu füllen.

Für Johannisbeerlikör kann Zucker zugefügt und der Auszug durchgeseiht werden.

Kirschlikör

1 kg frische, reife Süßkirschen,
1 Tasse schwarze Johannisbeeren,
1/2 TL Zimt,
350 g Zucker,
1 l Branntwein (weiß und fein, am besten Korn)

Kirschen entstielen und mit einer Gabel zerdrücken (am besten samt Kernen in einem Mörser stoßen), Johannisbeeren, Zucker und Zimt hinzufügen. Die Fruchtmasse in eine saubere 2-Liter-Flasche trichtern, mit dem Branntwein aufgießen und gut zugekorkt 3 Wochen „in der Sonne" reifen lassen. Aller zwei Tage die Flasche bewegen, d.h. alles gut durchschütteln.

Nach 3 Wochen abgießen (fein filtrieren) und in eine Likörkaraffe umfüllen.

Rosenlikör

200 g stark duftende Rosenblütenblätter,
150 g Zucker,
3/8 l Korn,
5 cl Weinbrand

Von den frisch gepflückten Rosenblütenblättern die bitteren Stielansätze entfernen. Die Blätter in eine Porzellanschüssel legen und mit 1/4 l kochendem Wasser übergießen, so daß sie knapp bedeckt sind. Zugedeckt 12 Stunden ziehen lassen. Das Rosenwasser in einen Topf seihen, den Zucker dazugeben. Unter ständigem Rühren erhitzen, den Topf dann vom Herd nehmen. Wenn die Flüssigkeit erkaltet ist, Korn und Weinbrand unterrühren. Den Likör in Flaschen füllen, gut verschlossen etwa 4 Wochen kühl und trocken lagern.

Sauerkirschlikör

1 kg Sauerkirschen,
3 g Zimtrinde,
2 Nelken,
1 1/4 l Primasprit,
500 g Zucker

Die Sauerkirschen zerdrücken, dabei etwa ein Drittel der Kerne aufschlagen. Zusammen mit den ungemahlenen Gewürzen und dem Primasprit in weithalsige Flaschen füllen. Fest verkorkt für 4 Wochen an ein sonniges Fenster stellen, dabei täglich gut durchschütteln. Dann den Auszug durchseihen. Die Kirschrückstände mit einer Lösung aus 1/2 l Wasser und dem Zucker übergießen, gut durchschütteln, ebenfalls durchseihen und mit dem Alkoholauszug vermischen. Den Likör in Flaschen füllen und verkorken.

Jeder Likör gewinnt durch längere Lagerung an Aroma. Deshalb nicht zu zeitig probieren.

Holundersekt

Alle Zutaten in ein größeres Gefäß geben – die Zitrone zerschnitten und gegebenenfalls geschält –, mit 10 l Wasser übergießen, zudecken und an einem warmen Ort stehen lassen. Morgens und abends jeweils durchrühren, nach 3 Tagen die Flüssigkeit durch ein gebrühtes Tuch filtern, anschließend in saubere Flaschen füllen, die mit festsitzenden Schraubverschlüssen zu verschließen sind. Das Getränk muß noch 6 Tage in der Küche, danach 8 Tage im Keller – immer stehend – aufbewahrt werden, bevor es getrunken werden kann.
Holundersekt ist bis zu einigen Jahren haltbar.

10 Holunderdolden,
evtl. einige Blättchen Zitronenmelisse oder Pfefferminze,
1 1/4 kg Zucker,
1 ungespritzte Zitrone,
1/4 l Weinessig

Sommerlimonade

Zum kalten Wasser Zitronensaft, Zucker und etwas Weißwein geben, durchrühren und ganz kalt servieren.

1 l abgekochtes kaltes Wasser,
Saft von 2 Zitronen,
Zucker und herber Weißwein nach Geschmack

EINGEMACHTES UND EINGELEGTES

Die Qualität industriell hergestellter Obst- oder Gemüsekonserven ist heute von selbst Eingekochtem kaum zu unterscheiden. Geschmackswelten dagegen liegen zwischen einer selbstgefertigten Kirschmarmelade oder Aprikosenkonfitüre und einer aus dem Ladenregal ...
Der Aufwand ist größer – der Geschmack aber unvergleichlich besser, und die Freude am Selbstgemachten lohnt die Mühe!

RHABARBERHONIG

1 kg junger Rhabarber,
1 kg Zucker

Den geschälten Rhabarber in 1 Zentimeter große Stücke schneiden, mit dem Zucker vermischen und in einem breiten Topf 10 Minuten Saft ziehen lassen. Unter ständigem Rühren zum Kochen bringen. Anfangs ist die Masse wässrig, wird dann gelb und zuletzt goldfarben.
Sobald der Saft dick wie halbfester Honig ist, die Masse vom Herd nehmen und in Gläser füllen.

ROH GERÜHRTE ERDBEERMARMELADE

500 g Erdbeeren,
500 g Puderzucker

Die entstielten, gewaschenen Erdbeeren durch ein Sieb drücken. Das Erdbeermark mit dem Zucker in einem hohen Gefäß etwa 10 Minuten mit dem Mixstab des elektrischen Handrührgerätes quirlen. Sehr kleine Gläser mit Alkohol ausspülen, die Marmelade einfüllen und verschließen. Kühl aufbewahren.
Dasselbe Rezept gilt auch für roh gerührte Himbeermarmelade. Nur ganz einwandfreie Früchte verwenden!

TIP

Sollte kein Puderzucker mehr im Haus sein, so kann man sich behelfen, indem man normalen Kristallzucker in der Küchenmaschine (oder elektrischen Kaffeemühle) feinmahlt.

Pflaumenmus

Die Pflaumen mit dem Fleischwolf oder dem Mixaufsatz der elektrischen Küchenmaschine zerkleinern. Die Gewürze zufügen und die Masse solange einkochen lassen, bis sich das Mus mit dem Kochlöffel teilen läßt und nicht sofort wieder zusammenfließt (nach etwa 4 Stunden).
Am besten läßt sich Pflaumenmus in der spaltbreit geöffneten Backröhre bereiten. Dann sollte möglichst die zum Herd gehörende Grillpfanne oder ein anderes flaches Gefäß genommen werden. Bei Verwendung eines Römertopfes ist die Backröhre zu schließen. Das fertige Mus in erwärmte Steintöpfe füllen und noch eine Weile in die heiße Röhre stellen, damit sich an der Oberfläche eine Kruste bildet.
Die Töpfe nach dem völligen Erkalten vorschriftsmäßig zubinden. Nach Belieben können einige grüne Walnüsse mitgekocht oder am Ende der Kochzeit 1 Päckchen Vanillezucker und 1 Eßlöffel Weinbrand zugefügt werden.

2 1/2 kg entsteinte Pflaumen,
1 TL Zimt,
1/2 TL gemahlene Nelken

Pflaumenmus ohne zu rühren

Vorbereitete Pflaumen über Nacht in Essig und Zucker stehen lassen. Dann in einem Emaille- oder Edelstahltopf aufs Feuer stellen, ohne Rühren ca. 4 Stunden kochen lassen. Kalt gerührt in Steintöpfe füllen. Eventuell mit Zimt abschmecken.

2 1/2 kg entsteinte Pflaumen
150 ml Essig
1/2 kg Zucker
Zimt nach Geschmack

Eingelegte Brombeeren

1 kg Brombeeren,
1/2 l 5%iger Weinessig,
500 g Zucker,
2 Zimtstangen,
1 TL Gewürznelken

Die gewaschenen Brombeeren verlesen und gut abtropfen lassen. Essig, Zucker und Gewürze zum Kochen bringen. Die Brombeeren darin in zwei Etappen 5 Minuten leise kochen lassen. Mit einem Schaumlöffel in vorbereitete Gläser füllen, so daß sie davon bedeckt sind.
Die Gewürze nach Belieben vorher herausnehmen oder gleichmäßig verteilen. Die Gläser sofort mit Deckeln oder angefeuchteter Einmachfolie verschließen.
Diese Brombeeren eignen sich zur Ergänzung von Süßspeisen oder auch als Beilage zu Fleisch.

Quittengelee

2 kg Quitten,
3 l Wasser,
1 kg Zucker,
1 Zitrone (Saft)

Quitten (nicht zu reife) sauber abreiben, kleinschneiden und in dem Wasser zerkochen lassen. Danach durch ein feines Sieb (am besten ein Seihtuch) geben - nur der abgetropfte Saft wird weiter verwendet. Den gewonnenen Saft (etwa 1 l) mit Zucker und Zitronensaft solange einkochen lassen (zwischendurch abschäumen), bis die Geleeprobe gelingt. Danach in vorgewärmte Gläser abfüllen und abkühlen lassen. Nachdem das Gelee kalt und steif geworden ist, zudeckeln oder mit Pergamentpapier zubinden.
Der Gelierprozeß wird erfolgreich unterstützt, wenn ein Geliermittel oder Gelierzucker verwendet wird.

Preiselbeerbirnen

1 kg Preiselbeeren,
500 g Birnen,
750 g Zucker,
1 Stange Zimt

Die verlesenen Preiselbeeren waschen und auf einem Sieb gut abtropfen lassen. Die Birnen schälen, vierteln, vom Kernhaus befreien und in Spalten schneiden. Die Preiselbeeren, mit Zucker und Zimt vermischt, in einen Topf geben. Bei geringer Hitze langsam erwärmen, dabei vorsichtig umrühren und etwa 2 Minuten kochen lassen. In einen anderen Topf die Birnenspalten schütten und den Saft der Preiselbeeren durch ein Sieb darüber gießen. Die Früchte darin vorsichtig glasig kochen. Dann die Preiselbeeren wieder zufügen und nochmals 2 Minuten kochen. Die Zimtstange entfernen, das Obst randvoll in Twist-off-Gläser füllen und sofort mit dem Deckel verschließen. Preiselbeer-Birnen eignen sich sowohl als Zugabe für süße Speisen als auch zu Geflügel und Wild.

Preiselbeeren

1kg Preiselbeeren,
1 Birne,
1 Apfel,
250g Zucker

Preiselbeeren waschen und gut verlesen (es sollten große und unbedingt reife Früchte sein). Birne und Apfel schälen, entkernen, kleinschneiden und mit dem Zucker unter die Preiselbeeren mischen (dient der Verbesserung des Geschmacks). In sorgfältig gereinigte Gläser (2 à 1/2 l oder 4 à 1/4 l Inhalt) einschichten und mit soviel frischem, kaltem Wasser auffüllen, daß das Wasser 1 bis 1 1/2 Zentimeter unter den obersten Beeren steht. Gläser luftdicht verschließen und im Wasserbad sterilisieren (20 Minuten bei 80° C).

Hagebuttengelee

500 g Hagebuttenmus,
500 g Zucker,
1 Zitrone

Reichlich gewaschene Hagebutten in einem Topf mit Wasser bedeckt bei geringer Hitze 30 Minuten kochen. Danach die Früchte zerquetschen und durch ein Haarsieb streichen. Das Hagebuttenmus wiegen, die gleiche Menge Zucker sowie den Zitronensaft zufügen, aufkochen und unter Rühren 30 Minuten bei geringer Hitze kochen lassen. Das fertige Gelee in vorbereitete Gläser füllen, jeweils sofort ein durch Alkohol gezogenes Blättchen (Einmachfolie, Butterbrotpapier) darauf legen. Die Gläser nach dem Abkühlen mit angefeuchteter Einmachfolie verschließen und zubinden.

Kürbis süss-sauer

1 kg Kürbisfleisch,
3/16 l 10%iger Weinessig,
750 g Zucker,
1 Prise Salz,
1 Stück Zimtrinde,
2 Messerspitzen Ingwer,
2–3 Nelken,
1 Stück Zitronenschale

Kürbis in handliche Stücke teilen und nicht zu dünn schälen. Das innere Fruchtfleisch mit den Kernen entfernen. Das feste Kürbisfleisch in Würfel schneiden. Den Weinessig zusammen mit 1/2 l Wasser, dem Zucker und den Gewürzen aufkochen, die Kürbisstücke zugeben und leise kochen lassen, bis sie glasig sind. Etwas abgekühlt alles in Steinguttöpfe füllen.
Nach 2 Tagen den Sud abgießen, nochmals aufkochen und abgekühlt wieder einfüllen.

Eingelegte Salzgurken

1–2 kg Einlegegurken,
2–4 l Wasser,
100–200 g Salz,
15 Sauerkirschblätter,
10 Weinblätter,
2 Stengel Dill,
2 Stengel Estragon,
2 Stengel Basilikum,
2 EL Senfkörner

Gurken (schlank, fest) unter fließendem Wasser sauber abbürsten, dann über Nacht (mindestens 12 Stunden) in kaltem Salzwasser wässern. Danach herausnehmen, abtropfen lassen und mit den frischen Kirschblättern, Weinblättern, Dill, Estragon, Basilikum und Senfkörnern in einen Gurkentopf (Steingut) schichten. Die vorher abgekochte, dann erkaltete Salzlösung (pro Liter etwa 50 g Salz) kalt darübergießen, so daß die Gurken vollständig bedeckt sind. Den Topf mit einem sauberen Tuch abdecken und in der Küche solange stehen lassen, bis sich auf dem Wasser Gärungsbläschen bilden.
Die Gärung dauert mehrere Tage. Erst nach Beendigung der Gärung Holzdeckel (muß sehr gut gereinigt sein) auflegen, der mit einem Gewicht oder einem Stein beschwert wird, und den Einlegetopf kühl stellen (Keller, Speisekammer).
Nach 2 bis 3 Wochen sind die Gurken gut.

Brühgurken

1–2 kg Einlegegurken,
2–4 l Wasser,
6–8 EL Salz,
1/4 l Weinessig,
1 Stengel Dill,
5 Stengel Bohnenkraut

Gurken (klein, fest) unter fließendem Wasser gründlich abbürsten und in einen großen Topf legen. Das Wasser mit allen Zutaten aufkochen und kochendheiß über die Gurken gießen, die komplett bedeckt sein müssen. Die auf diese Art überbrühten Gurken sind nach dem Abkühlen (3 bis 4 Stunden) für den Sofortverzehr bestimmt, auch im Kühlschrank halten sie sich nicht lange.

Senfgurken

1kg gelbe Gurken,
50 g Salz,
1 Zwiebel,
1 Meerrettich,
Senfkörner,
Dill,
Estragon,
1/4 l 10%iger Essig,
1 Prise Salz,
1 TL Zucker

Feste gelbe Gurken schälen, halbieren, das Kernfleisch mit einem Löffel ausschaben. Die Gurken in Streifen schneiden, mit Salz bestreuen und 24 Stunden kühl stellen. Danach die Flüssigkeit ablaufen lassen, die Gurkenstücke abtrocknen und zusammen mit Zwiebelscheiben, Meerrettichwürfeln, Senfkörnern, Dill und Estragon in Gläser schichten. Mit erkalteter Essiglösung (die angegebene Essigmenge auf 3/4 l Wasser, etwas Salz und Zucker) übergießen.
Einkochen: 20 Minuten bei 75° C.

TIP

Nach dem Abbürsten Gurken mehrfach einstechen, damit der Sud besser einziehen kann.

Blitzbohnen

Bohnen waschen und abziehen (nicht schnippeln). Schalotten kleinschneiden. Alle restlichen Zutaten im Wasser aufkochen, danach die Bohnen in das heiße Wasser geben und bei geringer Hitze solange sieden lassen, bis sie weich (bißfest) sind.
Kalt gestellt halten sie sich mehrere Tage.

1 kg Bohnen,
6 Schalotten
(oder 3 Zwiebeln),
2 l Wasser,
1 EL Salz, 1 TL Zucker,
3-4 Stengel Bohnenkraut
(frisch),
1/4 l Weinessig,
4 EL Senfkörner

Kräuteressig

Estragon waschen, entstielen, Blätter grob hacken und in einen hohen Steinguttopf legen (es können auch die ganzen Stiele genommen werden). Weinessig und Salz darübergeben und 4 bis 5 Tage zugedeckt stehenlassen. Zweimal täglich umrühren. Dann abgießen (feines Sieb oder Seihtuch) und in saubere Flaschen abfüllen. Kräuteressig läßt sich auf diese Art in nahezu jeder Geschmacksrichtung selbst herstellen (anstelle von 200 g Estragon zum Beispiel 50 g Thymian, 50 g Petersilie, 50 g Majoran, 50 g Dill usw.), zum Gebrauch ist bei den meisten Zubereitungen Verdünnung angesagt.

200 g Estragon (frisch),
2 l Weinessig,
2 EL Salz

Rezeptverzeichnis

Seite

Rezeptverzeichnis

Seite

Rezeptverzeichnis

Seite

SEITE

QUELLENANGABEN

DIE EINSENDER

Flieher, Jana · 01189 Dresden:
Rezepte S. 141, S. 111 / oben, S. 98 / oben

Franz, Birgit · 04357 Leipzig:
Rezept S. 45 / oben

Heise, Rose · 01277 Dresden
Rezept S. 130 / oben

Hensch, Kurt · 04249 Leipzig:
Rezept S. 86 / unten

Horn, Monika · 04347 Leipzig:
Rezepte S. 95 / oben, S. 95 / unten

Hornung, Wolfgang · 04205 Leipzig:
Rezepte S. 44, S. 100 / unten, S.101

Jungmann, Elke · 04203 Leipzig:
Rezept S. 94 / oben

Kohlstock, Christine · 03226 Vetschau:
Rezept S. 42 / oben

Kunstmann, Helga · 04349 Leipzig:
Rezept S. 58 / unten

Leuschner, Ulrike · 01454 Großerkmannsdorf:
Rezepte S. 19 / oben, S. 22 / mitte, S.37 / oben,
S. 38 / oben, S. 38 / unten

Mauksch, Petra · 02828 Görlitz:
Rezepte S. 50, S. 141

Richter, Evelyn · 04205 Leipzig:
Rezepte S. 78, S. 119 / unten

Richter, Sonja · 02899 Ostritz:
Rezept S. 132

Rose, Bettina · 04209 Leipzig:
Rezept S. 159 / unten

Schmidt, Elke · 04668 Grimma:
Rezept S. 126

Schmidt, Sabine · 01324 Dresden:
Rezept S. 128 / oben

Sieler, Julia · 04249 Leipzig:
Rezepte S. 53, S. 132 / unten

Schnieber, Bernd · 01324 Dresden:
Rezepte S. 89, S. 92 / unten, S. 93 / oben

Stenzel, Kerstin · 04205 Leipzig:
Rezept S. 100 / oben

Wagner, Dorothea · 04205 Leipzig:
Rezept S. 45 / unten

Weißflog, Irina · 01239 Dresden Leipzig:
Rezepte S. 27 / oben, S. 31 / oben, S. 92 / oben

PRODUZENTEN – EINE AUSWAHL

Ackermanns Haus – „Flüssiges Obst" GmbH & Co KG
08236 Ellefeld:
Frucht- und Gemüsesäfte, Nektare, Babysäfte in der Mehrwegflasche

anona Nährmittel C.L. Schlobach GmbH ·
04680 Colditz:
Instanterzeugnisse aus Getreide, Müslis, Backmittel, Eisgrundstoffe

Böhme Schokoladen GmbH · 04509 Delitzsch

Brauhaus Torgau GmbH · 04852 Torgau

Braustolz GmbH · 09001 Chemnitz:
Braustolz Pils

Develey Feinkostfabrik GmbH · 02607 Bautzen:
Europas modernste Essig- und Senffabrik,
stellt u.a. den scharfen "Bautz'ner Senf" her

Dresdner Margarinewerk GmbH · 01257 Dresden:
traditionsreiche Back- und Bratfette
wie z.B. marina, sonja, sahna

Dresdner Mühlen GmbH · 01067 Dresden

Dr. Quendt Backwaren GmbH · 01187 Dresden

Einsiedler Brauhaus GmbH · 09225 Einsiedel

Elbtal Tiefkühlkost GmbH · 01623 Lommatzsch:
einziger Hersteller von tiefgefrorenen Hefeklößen
in Sachsen, Sachsen-Anhalt, Thüringen;
Gemüse aus einheimischer Produktion

Erntebrot GmbH Döbeln · 04713 Döbeln

Erzgebirgische Backwaren GmbH ·
09441 Annaberg-Buchholz

Feldschlößchen Brauerei AG · 01189 Dresden:
seit 1847 bestehende Brauerei

Fleischwerk Löbau GmbH · 02703 Löbau

Freiberger Brauhaus AG · 09584 Freiberg: modernste Brauerei in Europa

Friweika e. G. · 08373 Weidensdorf: Speisekartoffeln und Kartoffelprodukte, Gemüse

Gewürze Markranstädt GmbH · 04417 Markranstädt: Hersteller sowohl von Gewürzmischungen nach alten Rezepturen als auch von Haushaltsmischungen, Kräuter- und Edelgewürzen

Götz-Gebäck Döbeln · 04720 Döbeln

Goldeck Süßwaren GmbH · 04229 Leipzig: u.a. Gelee-Artikel, Krokant und Knusperflocken

Grenzwald-Destillation Otto Ficker · 09472 Crottendorf: in erzgebirgischer Tradition Kräuter-, Kräutergewürz- und reine Liköre seit 1882

Großkelterei Rötha GmbH · 04570 Rötha: Fruchtsäfte, vor allem Apfelsaft; Fruchtnektare

Grumbacher Kartoffelspezialitäten GmbH · 01723 Grumbach: Tiefkühlerzeugnisse, vor allem Kartoffelpuffer

Rudolf Hoinkis Süßwaren · 02826 Görlitz

Kelterei Göltzschtal · 08499 Mylau Fruchtsäfte

KHC Weigl & Januschkowetz GdbR · 09358 Wüstenbrand: Hefe- und Gemüsetiefkühlkost

Knorr Auerbach GmbH · 08201 Auerbach

Kreba-Fisch GmbH · 02906 Kreba:
u.a. Lausitzer Spiegelkarpfen aus der jahrhundertealten Tradition der Lausitzer Karpfenzucht

Krostitzer Brauerei GmbH · 04509 Krostitz:
seit 1534 bestehende traditionsreiche Brauerei

Landskron Brauerei GmbH · 02826 Görlitz:
östlichste Privatbrauerei Deutschlands, seit 1869

Lausitzer Früchteverarbeitung GmbH ·
02689 Sohland:
Obst- und Gemüsespezialitäten,
Fruchtsäfte und Nektare, Fruchtdesserts

Lausitzer Ölmühle – Fritz Schkommodau KG ·
02977 Hoyerswerda:
seit 1924; Alleinhersteller von Lausitzer Leinöl

Leipziger Brauhaus zu Reudnitz GmbH ·
04301 Leipzig

Magnus Baumann GmbH · 09567 Oederan:
feinsaure Spezialitäten

Margon Brunnen GmbH Burkhardswalde ·
01809 Müglitztal:
Mineralwasser, Limonaden und Bittergetränke

Mauritius Brauerei GmbH · 08004 Zwickau

Mildensteiner Teigwaren Leisnig/ Sa. GmbH ·
04703 Leisnig

Mineralquellen Niederlichtenau GmbH ·
09244 Niederlichtenau: Marktführer
unter den ostdeutschen Brunnen

Molkerei und Weichkäserei K.-H.Zimmermann GmbH ·
04808 Falkenhain: einzige sächsische Ziegenmilch-Käserei; u.a. original Altenburger Ziegenkäse, seit 1930

Mühle und Bäckerei Bärenhecke Raiffeisengenossenschaft e.G. · 01768 Bärenhecke: einzige Genossenschaftsmühle und -bäckerei der BRD, u. a. 100% ig reines Roggenbrot

Mutzschen Truthahn GmbH · 04688 Mutzschen Sächsische Truthahn-Spezialitäten – küchenfertig gewürzt bzw. verzehrfertig gegart

Neukircher Zwieback GmbH · 01904 Neukirch

Oppacher Mineralquellen · 02736 Oppach: Herstellung von natürlichem Mineralwasser, Mineralbrunnen-Fruchtsäften und Limonaden

Pulsnitzer Lebkuchenfabrik GmbH · 01893 Pulsnitz: seit 1884; Lebkuchen, Gebäcke, Soßenkuchen

Radeberger Exportbierbrauerei GmbH · 01454 Radeberg: „Radeberger Pilsner" gilt als Ursprung der Pilsner Tradition in Deutschland

Sächsische Großbäckerei Union GmbH · 09116 Chemnitz

Schildauer Fleischwaren GmbH · 04889 Gneisenaustadt Schildau

Schlichting GmbH · 08529 Plauen: Sauerkraut und Gurken aller Art, von Faß- bis Dillgurken

Striesener Back- und Conditoreiwaren GmbH · 01309 Dresden

Teigwaren Riesa GmbH · 01591 Riesa: alteingesessener Hersteller von Nudel- und Eierteigwaren

Vogtlandbäckerei Auerbach GmbH · 08209 Auerbach

Vogtlandmilch GmbH · 08502 Plauen:
Quark-und Milchprodukte ausschließlich aus der Milch von sächsischen Bauernhöfen

Waffelfabrik GmbH – Fa. Otto Beier ·
01723 Wilsdruff:
Schaumzuckerprodukte und Waffeln

Waffel- und Süßwarenfabrik Günther Tomala ·
04808 Kühren: Waffelspezialitäten seit 1927

Waldheimer Gewürze GmbH ·
04736 Waldheim:
Gewürze und Gewürzmischungen nach alten Rezepten sächsischer Fleischer und Küchenmeister, gegr. 1855

Weichaer Rohkonserven GmbH · 02627 Weicha:
neben Sauerkraut- und Gurkenkonserven
einziger Hersteller von Lausitzer Blaukraut

Wein- und Fruchsaftkelterei Schmieder GmbH ·
01896 Lichtenberg:
Säfte und Weine aus einheimischem Obst;
Spezialitätensäfte, u.a. Edelebereschensaft

Herbert Wendler GmbH & Co KG · 01109 Dresden
feine Dauerbackwaren, u.a. Dominosteine, Baumkuchen

Bernhard Werner Nahrungsmittel · 01705 Freital:
sächsische Kartoffelspezialtäten; Backmischungen, u. a. Roggensauerteigbrot zum Selbermachen; seit 1898

Wernesgrüner Brauerei AG · 08237 Wernesgrün:
1436 gegründete, heute größte konzernunabhängige Brauerei in den neuen Bundesländern

Wurzener Nahrungsmittel GmbH · 04808 Wurzen
Corn Flakes, Erdnußflips, Reis im Kochbeutel, Nährmittel aus Hafer und Gerste, Weizenmehle und -grieß, Hülsenfrüchte - http://www.wurzener.de